한국여성의 정책결정직 대표성 증진에 관한 연구

한국여성의 정책결정직 대표성 증진에 관한 연구

김 혜 영 저

한국학술정보[주]

서 문

　여성정책의 현장에서 오랜 시간을 보내면서 가장 절실하게 다가오는 것들을 이미 오래 전에 글로 써 놓았습니다. 이러한 저의 글을 찾아 학술적 가치를 인정하고 이를 보급하기 위해 하나의 학술서로 빛을 보게 하여 주신 한국학술정보(주)의 채종준 사장님께 우선 감사의 말씀을 드립니다.

　우리는 의사결정(decision-making)의 중요성을 가치배분의 결정에 개개의 의사가 더해져서 합의를 이루어야 한다는 것 이외에 무의사결정(non-decision making)에 주목하지 않을 수 없다는 점을 상기하여야 한다고 생각합니다. 결정은 결정의 장(場)에 있는 것만이 모두가 아니며, 결정의 장에 나오지 못한 것, 결정이 지연되는 것, 결정이 실행되지 않는 것이 있음을 말합니다. 결정은 인간의 자유와 정의를 지키며 신장시키는 방향에서 이루어져야 하고 타인이 무력하다는 것을 이유로 타인의 자유를 박탈하거나 정의를 외면하는 방향의 결정은 인류와 국가사회의 발전 가능성을 저하시키는 것이라 볼 수 있기 때문입니다. 이러한 생각이 한국여성의 政策決定職의 代表性이라는 글의 주제를 발전시키는데 몰입할 수 있도록 하였습니다. 정책결정직의 여성대표성은 자신이 속한 그룹을 대표하여 여성권익을 향상시킬 수 있다는 가정과 이는 소수그룹에게 차별적 대우를 가하는 행동을 거부할 것이라는 점에서 여성에게 중요하며 여성과 남성이 동등하게 대표되어 능력을 발휘하는 사회를 만들어가는데 있어서 신장되어야 할 필요가 있다고 하겠습니다. 이를 위해 기회구조를 열 수 있는 제도의 보완, 여성들의 자각과 적극성이 필요할 것입니다.

이 글이 연세교정을 오가며 생각을 깊게 하고 강단을 통해 깊은 사고를 전해 주시는 교수님들의 강의가 가치를 정립하는데 더욱 견고하게 할 수 있었던 것, 이에 감사를 드립니다. 간략하나마 정책결정직의 여성대표성의 필요를 학술적으로 지원할 수 있는 논의 구조를 찾아내고 유엔을 비롯한 세계 각국이 여성의 정책결정직 대표성을 진작시켜 나가는 제도적 틀과 여성대표성의 진전이 이루어지는 과정을 보여줌으로써 여성권익에 대한 관심을 가지고 이 글을 만나게 되는 독자들에게 여성문제, 나아가 소수자의 권익을 이해하는데 조금이나마 기여할 수 있다면 무한한 영광으로 생각합니다. 한자 한자 옮겨진 생각들을 빠짐없이 읽어주시고 조언을 해주신 延世大學校 사회과학대학장 申命淳 교수님께 주어진 작은 지면을 통하여 감사의 큰 마음을 전합니다.

연희관에서

김혜영 드림

차 례

표차례

제1장 서 론

제1절 연구의 배경 및 목적

현대는 일상생활이 정치적 결정 및 정책적 결정과 밀접히 연관되어 있으며 이제까지 여성의 생활과 밀접한 관계를 가져왔던 가족, 교육, 건강, 보건, 환경 등은 정치적 결정과 관계가 있다. 그리고 정치 및 정책이 시민생활에 미치는 영향은 앞으로 더욱 증대될 것이다. 정책은 조직의 철학이나 이념과 관계되는 개념으로 방향성을 갖는다. 자유민주주의의 가장 본질적인 내용은 자유롭고 평등한 개인적 존재를 상정하고 이러한 존재의 권리 보호와 이익의 확대를 제도적으로 보장하려는 것이라고 할 수 있다. 따라서 정책은 자유민주주의가 실현하고자 하는 인간의 존엄성 극대화 방향으로 나아가야 한다. 이와 관련하여 정책의 결정은 민주주의 원칙에 상응해야 함을 천명하고 있다. 이는 과거의 치자와 피치자의 구분이 확연하던 전통적인 정치 질서는 붕괴되고 정치공동체를 구성하는 모든 성원들이 치자이면서 동시에 피치자가 되는 자치의 원리에 기초한 공동체 운영의 방식을 말한다. 따라서 공동체를 운영하는 주체로서 정치 생활을 남성·여성의 차이에 따라 구별하는 것은 적절하지 못하다.[1] 바크라크는 민주주의 체제에서

---

1) 신명순, 「한국정치론」(서울: 법문사, 1993), 409면.

공공의 이익은 폭넓은 대중 참여에 의해서만 보장될 수 있기 때문에 여성의 배제는 인구의 반을 공적 이익의 반영 과정에서 제외함으로 해서 근본적으로 민주주의 원리는 작동되고 있지 않다고 주장한다.[2] 또한 한 연구에 의하면 여성이 실제 공직에서 여성 관련 법안 및 여성의 이익에 대하여 보다 적극적인 대표성을 갖는 것으로 나타나고 있다.[3] 그럴 경우 여성의 정치적 성향과 태도는 남성의 그것과 다르기 때문에 여성정치인에 의해 보다 잘 대변될 수 있도록 여성의 대표성이 보장되어야 하고, 여성이 국가 정책의 형성 주체로서 남성과 동등하게 정책 형성, 집행의 주체로서 정책결정 과정에 참여해야만 한다. 1995년 북경에서 개최된 제4차 세계여성회의에서의 행동강령에서 여성이 국정(Governance)에 참여할 평등한 권리를 가지고 있으며, 참여를 통해 정치적 우선순위를 재정의하거나 정치적 의제에 새로운 문제를 포함시키고 정치적 문제에 새로운 관점을 투영시킬 수 있어야 함을 확인하면서 두 가지의 전략목표, 즉 첫째 정치 및 정책결정에 여성의 동등한 접근과 충분한 참여를 보장하는 조치 강구, 둘째 여성의 정책결정에의 참여 역량 및 리더십 증진을 제시하였다. 북경행동강령 외에도 유엔헌장, 세계 인권선언, 유엔여성차별철폐협약 등 다른 국제적인 규범에서도 정책결정에 있어서 남녀의 평등한 참여 원

---

2) Peter Bachrach, *The Theory of Democratic Eliticism: A Critique* (Boston: Little Brown Co, 1964), p.3.

3) Karin L. Tamerius, "Sex, Gender, and Leadership in the Representation of Women" in Georgia Duerst-Lahti and Rita Mae Kelly(eds), *Gender Power Leadership, and Governance*, (Ann Arbor Mich.: The University of Michigan Press, 1995), pp.103-104.

칙을 밝히고 있다. 1997년 유엔여성지위위원회에서는 여성이 정책
결정 과정에 있어서 저대표성(under-representation) 문제를 시정
할 수 있는 조치를 강구해서 실천해야 할 필요성을 재확인하였다.

최근 유엔 143개국을 비교 조사한 유엔개발계획(UNDP)의
2000년 인간개발보고서에 따르면 여성의 교육 수준, 재산, 평균수
명을 기준으로 산정하는 여성개발지수(GDI)는 한국이 143개국 중
31위였으나 여성의 전문직 종사율, 여성의원 수, 소득수준 등을
기초로 산출되는 여성권한 지수(GEM)는 70개국 가운데 63위에
불과했다.4) 이는 한국여성들이 높은 교육 수준과 능력에 비해 사
회적 지위가 열악함을 보여주는 것이다. 현개 16대 총선 결과 여
성 국회의원 비율은 5.9%를 차지하고 있으나 15대 국회에서는 여
성 국회의원 진출 3.7%로 전 세계 여성의 국회의원 진출 평균치
인 11.3%에도 미치지 못함은 물론, 여성의 의회 진출 비율이 5%
에도 미치지 못하는 최악의 31개국의 하나로 꼽히는 불명예를 안
고 있었다. 행정관리자 비율도 4.7%로 거의 최하위에 머물고 있
다. 이는 사회 각 분야에 만연한 불평등과 관행적 차별5)이 눈에

---

4) UNDP, *Human Development Report 2000.* (NY: Oxford University
   Press), pp.165-168. 국제통계상의 여성 지위를 비교하여 보면, 인간
   개발지수 상위는 캐나다, 노르웨이, 미국, 호주 등이고, 여성권한 척
   도에 있어서는 상위는 노르웨이, 아일랜드, 스웨덴, 덴마크이다. 본
   보고서에서 한국의 여성권한 지수의 산출 근거인 국회 내 여성의원
   비율은 4.0%, 행정관리직 비율 4.7%, 전문직에서의 여성 비율은 31.
   9%로 기록되어 있다.

5) 성차별이란 생물학적인 성을 기초로 하여 여성(혹은 남성)집단이나
   여성(혹은 남성) 개인에 대해 사회적으로 부과된 편견이나 차별을
   뜻한다. 즉 남성과 여성이 각 성에 적합한 사회적 역할을 담당해야

보이지 않게 존재하기 때문에 빚어진 결과이다. 이러한 점들을 시정하기 위해 유엔은 1975년을 '세계여성의 해'로 선포함과 동시에 여성에 대한 차별을 시정하기 위하여 노력해 왔다. 한국도 1984년 유엔여성차별철폐협약을 비준하였으며 1985년부터 한국에서 효력을 발생하고 있어 국내법과 같은 지위를 갖는 것으로 되어 있다. 유엔여성차별철폐협약에 의하면 "국가의 완전한 발전과 인류의 복지 및 평화를 위해서는 여성이 모든 분야에 남성과 평등한 조건으로 최대한 참여하는 것이 필요함을 확신하고, 현재까지 충분히 인식되지 못하고 있는 가정의 복지와 사회의 발전에 대한 여성의 지대한 공헌, 모성의 사회적 중요성 및 가정과 자녀 양육에 있어서의 부모의 역할을 명심한다. 또한 출산에 있어서의 여성의 역할이 차별의 근거가 될 수 없으며, 아동의 양육에는 남성, 여성 및 사회 전체가 책임을 분담해야 함을 인식하고, 남성과 여성 사이에 완전한 평등을 달성하기 위해서는 사회와 가정에서의 여성의 역할뿐만 아니라 남성의 전통적 역할에도 변화가 필요함을 인식한다. 또한 여성에 대한 차별의 철폐에 관한 선언에 명시된 제 원칙을 이행하며, 이러한 목적으로 모든 형태 및 양태에 있어서의

한다고 보는 믿음(고정관념)으로서 개인의 생활·의식과 제반 사회 제도 및 문화·이데올로기에 내면화되어 성차별의 기원이 되고 있다. 이러한 성차별의 신화는 사회적 필요에 의해 만들어지고 사회화 과정을 통해 주입되고 유지된다. 2차대전 당시 여성 노동력을 동원하기 위해 여성은 모든 종류의 직업을 감당해 낼 수 있는 선천적인 능력이 있다는 것을 강조했으나 전후 참전 병사들의 복귀와 함께 다시 '여성의 위치는 가정'이라는 신화를 부활시켰다. 이금순, "한국민주주의와 여성의 역할", 「새로운 정치학(Gender politics)」(서울: 인간사랑, 1998), 272-273면에서 재인용.

차별을 철폐하는 데 필요한 조치를 취할 것을 결의하고, 합의한다."[6]라고 명시되어 있다. 동 협약은 여성에 대한 차별이 인간 존엄에 위배되고 사회와 가족의 번영을 저해하는 것이며 모성은 사회적으로 중요하고 자녀 양육은 남녀 그리고 사회 전체가 함께 책임져야 한다는 기본 인식하에 각국의 정치·경제·사회·문화 등 모든 분야에서 여성에 대한 차별을 제거하고 사실상의 남녀평등을 실현하기 위한 모든 국가적 조치를 취할 것을 의무 지우고 있다. 한국에서 가족법 개정이나 남녀고용평등법 제정은 동 협약에 의한 법적 차별 철폐의 조치라 할 수 있다.[7]

한국은 네 차례에 걸쳐 본 협약에 대한 이행보고서를 유엔에 제출한 바 있으나 이것들은 1998년 이전의 상황인 것이다. 또한 4차에 걸친 세계여성대회를 통해 전 지구적으로 여성에 대한 차별 철폐 및 권한의 강화를 통해 인류사회의 남녀평등을 이루고자 하는 노력을 해 오고 있다. 특히 1995년 북경에서의 제4차 세계여성대회에서는 21세기 여성지위 향상을 위한 이정표가 되는 북경행동강령을 채택한 바 있다. 이는 12개 부문으로 나누어져 있으며 그중의 하나는 '권력과 의사결정에서의 여성의 지위'가 중요하게 다루어지고 있다. 북경행동강령은 2000년까지 나이로비 미래 전략의 이행을 촉구하기 위한 행동 전략이 되고 있다.

이와 관련하여 본 연구는 다음과 같은 목적을 갖는다. 즉 2000년 6월에 있었던 유엔총회에서 올부라이트 국무장관이 "여성들은

6) "여성에 대한 모든 형태의 차별 철폐에 관한 협약" 전문.
 〈http:minbyunjinbo.net/2000. 10. 12〉.
7) 윤근섭 외, 「여성과 사회」(서울: 문음사, 1995), 456-457면.

18

정부에 대하여 정치 영역에 여성이 대표되어야 하며, 여성들도 정치 활동에 들어가기 위해 노력해야만 한다." 그리고 "세계 180개국을 조사한 결과에 의하면 1995년에 정책결정직으로서 의회의원이 10%였던 것이 5년 후인 2000년에 13%를 이루었는데 이러한 추세로 나가다 가는 30%를 이루는 것도 새로운 천년이 소요될 것이다."라고[8] 경고하면서 정부와 여성 자신들은 노력을 경주해야 함을 역설하였다. 이에 본인은 여성이 정책 과정에 결정자로서 동등한 자격으로 참여하여 여성도 인간적 권리를 남성과 동등하게 소유할 수 있도록 정책을 형성하고 집행하여 사회 변화를 촉진해 나가야 한다는 것에 대하여 의견을 같이하며 불균형적 사회구조를 시정해 나갈 수 있는 방안이 무엇인지를 연구할 필요성을 갖게 되었다. 따라서 본 연구를 통해 그동안 한국여성이 정책결정자로서 영향력을 행사하는 데 충분하지 못했던 사회구조적 요인과 여성이 안고 있는 문제점을 살펴보고 선진 외국이 뿌리 깊은 남녀 차별적 사회구조를 변화시키는 데 어떠한 노력이 있었는지를 살펴봄으로써 한국여성이 정책결정에 더 큰 영향력을 행사할 수 있고 이를 통해 한국의 사회구조가 남녀가 동등하게 참여하는 민주주의가 가능하도록 하는 방안을 찾고자 한다.

---

8) *The Korea Herald*, "Women want gender equality in governments", June. 10. 2000. p.5.

제2절 연구 내용 및 방법

1. 연구 내용

본 연구가 대상으로 한 정책결정직은 공식적 정책결정자[9]에 중점을 두어 국회의원, 장관, 고급행정관료, 행정기관의 관리직 5급 이상의 공무원[10]에 초점을 둔다. 국회의원은 법률안의 처리로서 정책결정자로서의 역할을 수행하며, 행정기관의 공무원은 현대 행정국가의 특성하에서 정책결정의 역할이 증대되고 있다. 공식적 정책결정자 이외에 정당과 각종 위원회를 연구의 범주 안에 포함시켰는데 이는 정당인이 국회의원직을 가진 정당인이거나 아닌 경우에도 정치를 주도하는 세력으로서 그 역할은 매우 중요하며, 행정기관의 각종 위원회도 민간인을 포함한 공식적 의견의 통로로서 작용하는 점을 고려하여 각종 위원회도 정책결정직의 연구 범위 안에 추가하였다. 그러나 대표적 고급 행정관료인 대통령[11]은 이제까지 한 번도 여성이었던 적이 없으므로 본 연구에서는

---

9) 김병진, 「정책학 원론」(서울: 박영사, 1989), 132-152면.

10) 정책 집행이 아닌 결정의 단계에서는 상대적으로 많이 참여하고 큰 영향력을 갖고 있다고 평가되는 고급 행정인(5급 이상)이 중요한 역할을 한다. 이들이 정책결정에 참여하는 정도는 국가 또는 동일 국가 내에서도 조직 간 및 동일 조직 내에서도 누가 상위직을 차지하고 있느냐에 따라 동일할 수는 없지만 대체로 중요한 역할을 하는 것으로 인식되고 있다. 박동서, 「한국행정론」(서울: 법문사, 1990), 189-190면.

11) 김병진, 앞의 책, 137면.

제외시켰다. 따라서 정책결정직의 여성 대표성은 이러한 직위를 맡은 사람들이 주로 남녀 중 어느 성별을 가진 사람들인지 대표성과 정책은 어떤 관계를 갖는지를 설명하게 된다.

연구 내용으로는 제2장에서는 정책결정직의 여성 대표성과 정책결정과의 관계를 알아보고, 제3장에서는 정책결정직에의 여성 대표성 증진을 위한 국제적 노력 및 동향과 한국의 현황을 알아보았다. 세계적 동향으로는 여성의 대표성 향상에 대한 유엔의 이념과 활동을 살펴보고, 외국의 현황으로는 미국을 비롯한 유럽 국가, 그리고 같은 문명권의 아시아 국가 몇 개의 나라를 살펴본다. 한국의 현황으로는 정치 부문에서 국회의원, 지방의회의원, 정당을 살펴보고, 행정 부분에서는 행정부의 여성공무원 현황 및 각종 위원회의 현황을 살펴보고, 한국의 정책결정직 여성 대표성 증진을 위한 노력을 알아보았다. 제4장에서는 한국여성의 정치·행정 부문 대표성이 낮은 원인을 심층적으로 분석하고, 제5장에서는 정책결정직에서 여성의 대표성을 증진시키기 위한 방안을 정부 차원과 정당, 그리고 여성계 스스로의 측면에서 제시하였다. 제6장에서는 본 연구에 대한 결론을 맺는다.

2. 연구 방법

본 연구를 수행함에 있어 문헌 연구와 외국 사례 연구 및 지역 여성단체 활동 참여자를 대상으로 설문 조사를 실시하였다. 문헌 연구로서 정책결정직에서의 여성 대표성 증진을 위한 국제적 동향을 파악하고, 한국의 정치·행정 분야 여성 대표성 현황, 한국에서 여성 대표성이 낮은 원인, 여성의 대표성 증진을 위한 정부 정책 및 이에 대한 결과를 알아보았다. 문헌 연구의 내용을 보완하기 위하여 보충 자료로 설문 조사를 통해 여성의 정치 참여의 저해 요인을 분석하고 여성의 정치의식을 알아보았다. 설문 조사 대상자는 지역에서 여성 단체 활동을 하는 사람으로 202명이 설문에 응하였으며 이들은 한국여성개발원이 실시하는 교육에 지도력 개발을 목적으로 참여한 교육생들이다. 이들은 2000년 4월부터 5월까지 5회에 걸쳐 교육에 참가하였으며, 이들은 엘리트 여성이 중심이 되는 중앙의 여성단체와 단체 활동에 참여하지 않는 일반 여성의 사이에 존재하는 사람들로 일정 정도의 사회에 대한 봉사를 통해 사회의식을 가진 여성으로 여성의 정치의식을 대변하는데 중요한 지표가 될 것으로 추정하였다. 설문 조사에 응답한 이들의 개인적 특성으로 연령 및 학력 구성은 다음과 같다. 연령은 40-49세 47.0%로 가장 많고, 50-59세 37.6%, 60세 이상 6.9%, 30-39세 6.4%, 20-29세 0.5%이다. 학력 구성은 고졸이 47.5%로 가장 많고, 중졸 25.2%, 대졸 15.8%, 초등졸 5.0%, 대학원 이상 2.0%이다. 조사 설문지 구성은 지역단체 활동 여성의 성역할의식 조사표, 사회의식, 정치 관심도, 여성정치 활동에 대한 의견, 여성의 대표성 증진방안 의견 등으로 구성되었다. 분석 방법은 SPSS를 활용하여 카이스퀘어분석법을 통해 집단 간 의견 차이가 갖는 의미의 함축성을 알아보고 평균값 비교 및 빈도 분석 방법을 활용하였다.

제2장 정책결정직 여성 대표성 확보의 필요성

21세기에는 이전과는 비교가 되지 않을 정도로 '인간답게 살 수 있는 사회'에 관한 논의가 늘어날 것이라고 생각한다. 이념을 떠나 삶의 질을 높이는 데 관심을 기울이며 이는 생활 패턴과 가치관의 변화를 동반한다. 우리는 앞으로의 새로운 사회상으로 남녀가 평등한 사회를 지향하고 있다. 21세기는 한 성(gender)의 대가로 다른 성만의 이익을 증진하는 것이 아니라 사회 전체를 위한 공동선을 추구하기 위하여 양성이 똑같이 정책 과정에 참여하는 시기가 되어야 한다. 따라서 본 장에서는 정책결정직 여성 대표성 확보의 근거를 제시하고자 한다.

제1절 여성의 가치 실현

정책결정직 여성 대표성의 필요성은 우선 정책의 본질에서 출발한다. 정책은 사회 전체를 위한 희소가치의 권위 있는 배분[12] 이라고 정의할 수 있으며, 이러한 정책결정은 어떤 결정은 기존의 배분 체계를 그대로 온존하는 선에서 이루어지는 데 비해, 또 다른 것은 기존의 배분 체계에 새로운 변화를 유도한다. 일반론에

---

12) David Easton, *The Political System*(New York: Alfred A. Knopf, inc, 1963), p.129.

따르면, 전자의 경우는 전문 관료의 영향이 지대하고, 후자의 경우는 정치인의 역할이 더 크다고 설명된다.[13] 정책에 대한 논의는 대부분 가치에 대한 것이다. 정책결정은 정치·행정의 핵심 기능인 가치 배분을 결정하는 데 제일 큰 비중을 1차적으로 차지하고 있다. 이러한 가치 배분에 있어서 가장 중요시해야 할 목표는 합리화, 공정 배분이라고 할 수 있는데, 이를 이룩할 수 있는 첩경은 무엇보다도 여러 참여자 간의 참여 균형이라고 판단된다.[14] 이러한 점에서 한국의 정책결정을 돌아보면, 정책결정이 중요한 것일수록 참여의 심한 제한 속에 권위주의적으로 극히 소수인에 의하여 결정되었던 것을 바람직하다고 말할 수는 없을 것이다. 이러한 결과는 불가피하게 가치 배분상의 불균형을 초래하였던 것이다.

정책 과정은 조직의 이성, 목적 및 목표를 달성하기 위한 것으로서[15] 이러한 요소는 대다수 조직원들, 즉 국민의 가치와 직·간접으로 부합된다. 국가는 국민 전체를 상대로 하여 정책 목표를 설정해야 하기 때문에, 국민이 일반적으로 추구하는 가치가 무엇인지를 파악해야 할 것이다.[16] 따라서 정책 과정에서 고려되어야 할 가치는 인간의 궁극적인 가치가 무엇인가에 대한 철학적 관점

---

13) 안병영, "정치인과 한국의 정책결정 구조", 「정책 결정 구조의 비교: 정·경·관의 역학관계」, 한국 행정학회 국제학술대회 논문집, (1994), 286면.

14) Christopher Ham and Michael Hill, *The Policy Process in the Modern Capitalist State*(New York: Martin's Press, 1984), p.73.

15) 김형렬, 「정책학」 개정판, (서울: 법문사, 2000), 14면.

16) 김형렬, 「정책 결정론」(서울: 대영문화사, 1997), 54면.

의 검토를 필요로 한다. 가치에 관하여 많은 학자들의 논의를 결집하여 보면, 자유와 정의가[17] 그 대표적인 것들이다.[18] 자유는 개인의 욕구를 달성하는 과정에서 장애가 없는 상태라고 러셀은 규정하고 있다.[19] 성을 이유로 가치 소유가 제한적이거나 포기해야 하는 것은 형평에 부합하지 않는다고 말할 수 있을 것이다. 따라서 정책을 형성하고 집행하는 사람들은 그들이 하는 일의 결과를 알 필요가 있다고 본다. 남녀평등 한 사회로 나아가야 한다는 인식은 이제 당연한 것으로 받아들여지는 이상 정책이 여성에게 미치는 영향을 고려해야 하는 것은 당연하다.

정책이 여성에게 미치는 영향을 고려할 때 정책결정자가 어떠한 가치관을 가지는가는 매우 중요하다. 주변 환경에 의해 형성된 정책결정자의 가치관, 즉 일하는 방식, 지식 기반, 정보 출처, 인맥 및 생활 경험 등은 그들이 정책 문제를 인지하는 방법과 그들이 취하는 접근 방법에 영향을 미친다. 또한 그들이 일하는 조직의 가치도 그들의 일에 영향을 미친다. 관료적·정치적 과정들도 정책결정 과정에 영향을 미치는 가치들에 깊이 배어들어 있다. 한편 이런 것들은 사회의 모든 가치관을 형성하기도 하고, 또 사회

---

17) plato, *The Republic*, translated with an Introduction by H. D. Lee (Baltimore: Penguin Books, 1995), pp.113-115.

18) Tom L. Beauchamp & Terry P. Pinkard (eds.), *Ethics and Public Policy* (Englewood Cliffs, NJ: Prentice-Hall, Inc, 1983), pp.1-24.

19) Bertrand Russell, "Freedom and Government", in Ruth Nanda Anshennn(ed.), *Freedom, Its Meanings* (New York: Harcourt, Brace & CO., 1940), p.251.

의 모든 가치관들에 의해 이런 것들이 형성되기도 한다.

사회의 가치관은 정책을 통해서 표출되며 정책은 법률의 형태로 나타나는 것이 보통이다. 로이(Lowi)가 분류한 정책 분류에 따를 경우 배분정책, 재분배정책, 규제정책, 구성정책 등은 법률로서의 성격을 전제로 한 것임을 알 수 있듯이 여러 학자들의 견해에서도 정책과 법률을 동일시하는 입장을 많이 발견할 수 있다.[20] 따라서 입법부는 일반적으로 정책의 기본 방향을 정하며, 행정부는 이에 기초하여 하위 수준의 정책이나 사업을 채택·집행하게 된다고 볼 수 있다. 이러한 과정에서 입법부가 행정부에 정책결정을 위임하는 경우가 많이 있고, 행정부는 행정 수반을 위시하여 국무위원, 정무관료 및 고위 관료 등을 통해 자유재량권[21]을 행사하게 되므로 정책의 기본 방향에도 크게 관여한다고 볼 수 있다. 즉 입법 과정에서 보면, 입법부는 각종 법률을 제정하며, 행정수반은 이에 기초하여 행정명령(the Executive order)을 하달하고, 국무위원은 각종 시행규칙을 제정한다.[22] 이때 입법

---

20) 안해균, 「정책학원론」, (서울: 다산출판사, 1984), 249-250면.

21) Jeffrey L. Jowell, *Law and Bureaucracy: Administrative Discretion and The Limits of Legal Action* (Port Washington, New York: Dunellen, 1975); 김형렬, 정책결정론에서 재인용.

22) 한국의 각 부처 소관 국가법령(3,490건)과 지방자치단체 자치법규(50,546건)는 현재 약 5만4천여 건에 달한다. 정부는 2001년 9월까지 이에 대한 일제 점검을 통해 남녀 차별적 내용을 없애는 대대적인 정비 작업을 벌이기로 했다고 한다. 「대통령 직속 여성특별위원회소식」, (2000년 여름호), 통권 제9호, 12면.

부의 각종 법률이나 법령은 행정 과정의 차원에서 그 형식성이
개인 및 집단의 행위를 구조화하는 기능을 가지므로 법령의 내용
에 세심한 고려를 필요로 한다.[23]

　정책 집행 과정에서 나타나는 정책결정적 요소는 정책 집행에
서 가장 먼저 이루어지게 되는 정책 해석 단계에서부터 나타난다.
흔히 공공 정책을 집행하는 경우에 입법부에서 제정한 법률이나
행정부의 고위층에서 채택한 정책이 너무 추상적이어서 정책 집
행자들이 그것을 해석하는 데 어려움을 겪는 경우가 많이 있다.
예컨대, 입법부에서 취업에 대한 여성의 차별을 금지하는 법률이
제정되어 소정의 절차를 거쳐 공포되었다고 할 때, 여성을 취업시
키는 데 어떤 기준으로 어느 정도의 수를 선발하느냐는 결정의
문제로 정책 집행자들은 고민할 수 있을 것이다.[24] 또한 자격 있
는 여성이 없는데도 기회균등이라는 원칙에 따라 무조건 일정한
비율의 여성을 채용해야 하느냐에 대한 유권해석이 요청될 수 있
을 것이다. 아울러 여성의 승진과 봉급에 관한 결정도 실적주의와
적극적 대책(affirmative action)이라는 상반된 관점에서 고려할
수 있을 것이다.[25] 이러한 정책에 대한 결정의 관점은 정책 집행

---

23) Daniel A. Mazmanian and Paul A. Sabatier, *Effective Policy Implementation*(Lexington Mass: Lexington Books, 1981), pp.5-20.
24) Edwards J. Clynch & Carol A. Gaudin, "Sex in The Shipyards: An Assessment of Affirmative Action Policy", *Public Administration Review*, Vol.42, No.2 (1982), pp.114-121.
25) Gregory B. Lewis, "Race, Sex, and Supervisory Authority in Federal White-Collar Employment", *Public Administration Review*, Vol.46, No.1(1986), pp.25-30.

단계 내의 정보 분석, 집행 계획, 조직화, 물품 및 서비스의 제공, 통제, 위기관리, 공공 관계(public relations)의 모든 단계에서 나타나게 된다.[26]

정책은 이러한 과정을 거치는 동안 합리성을 잃지 말아야 하며 합리성을 높이는 방안을 강구하여야 한다. 사회과학에서는 대표적으로 막스 베버는 목표를 최대한으로 달성하게 하는 올바른 행동이 합리적인 것이라고 주장하고 있고, 구체적으로는 법적·합리적 권위의 이상형이라는 관점에서 합리성을 설명하고 있다. 한편, 사이먼(H. Simon)은 넓은 의미에서 합리성을 "주어진 조건과 제약 속에서 목표를 달성하는 데 적절한 형태"라고 정의하고 있다.[27] 즉 합리성은 주어진 목표를 효율적으로 달성하는 데 요구되는 올바른 행태라고 풀이할 수 있다. 즉 정책을 결정하는 데 성, 인종, 민족 등에 따른 편견을 배제하는 것도 합리성을 증대시키는 방안인 것이다. 이제는 여성적 시민성을 개념화함으로써 여성적 가치가 추구되고 여성의 조건이 인정되고 발휘될 수 있는 영역으로 공적 세계를 변화시켜야 한다. 여성국민의 '안전'과 '자유'를 규정하는 문제를 국가의 정상에 있는 남성관료나 남성정치가의 영역으로 보아 남성들에게만 맡겨서는 안 된다.

다음의 글은 1873년 미국연방대법원이 여성에게 변호사 개업 면허를 거부한 원심 판결을 인용하였을 때, 이에 찬성하는 한 대

---

26) 김형렬, 「정책 결정론」, 27-33면.

27) Herbert A. Simon, "Rationality", in A Dictionary of Social sciences (New York: The Free Press, 1964), p.573; 김형렬, 「정책학」 개정판(서울: 법문사, 2000), 149면.

법관의 보충 의견으로 그 당시 미국 사회에서의 전통적인 여성관
을 표현하고 있는 대표적인 글이다.[28] 이러한 전통적 여성관은
미국연방대법원의 1960년대 판결에서도 나타나고 있으며, 이 기본
구조는 오늘날의 법에서도 남아 있다.

> 자연의 이치와 마찬가지로 민법은 항상 남성과 여성이 그
> 생활 영역과 궁극적 지표에 있어 커다란 차이가 있음을 인정
> 해 왔다. 즉 남성은 …… 중략 …… 직업을 여성이 갖는다는
> 것은 유쾌한 일이 못된다. 따라서 여성은 사회적 지위에 있어
> 그 가정의 가장이고 대표자인 남편과 분리하여 별도의 법적
> 지위를 가질 수 없다고 한 것이 보통법 확립자들에 의하여 형
> 성되어 온 법 격언이다. …… 여성의 임무는 아내와 어머니라
> 는 고귀하고도 온유한 임무를 다하는 것이다. 이것이 창조주의
> 법이다. 그리고 시민사회의 규정은 사물의 일반적 구조에 적합
> 해야 하고 예외적인 경우에 근거할 수 없다.[29]

위에서와 같은 영역에 대한 구분은 여성과 남성에 대한 적정한
역할에 대한 정형화를 함으로써 여성의 사회적 역할의 선택을 제
한하고 공적 영역에의 참여를 어렵게 함으로써 여성에 대한 차별
을 가져오게 되었다.

아이리스 영(Iris Young)은 현재의 남성 중심적 정치체제는 남
성적 동질성 및 보편성의 세계로서 표상되는 공적인 세계가 여성

---

28) 윤후정, 신인령, 「법여성학」(서울: 이화여자대학교, 1991), 287면.
29) N. Taub and E. W. Schneiden, "Women's Subordination and Role of
Law," *Feminist Legal Theory-Foundations* (D. K Weisberg, 1993),
p.14.

의 차이를 사적인 것에로 추방하는, 이른바 '공적', '사적' 간의 분리 위에 차이를 배제하는 방식이라고 표현하고 있다. 이런 방식에 의해 여성이 일반적으로 속해 있게 되는 가정에서 발생하는 문제들은 공사 구분에 따라, 국가의 개입이 바람직하지 않은 각자 개인이 자율적으로 처리하는 것이 바람직한 것으로 취급됨으로써 아내에 대한 구타나 강간 같은 여성이 피해자가 되는 문제들을 방치하고 묵인하는 결과를 초래해 왔다고 볼 수 있는 것이다. 그리고 이런 배제의 방식은 실제로 여성뿐만이 아니라 다른 인종, 민족, 연령, 장애 등등의 차이에 기초한 다른 많은 그룹들에게도 마찬가지의 결과를 가져옴으로써, 사실상 현재의 사회는 모든 이가 동등하게 참여하고 자신의 사적 세계를 보장받는 진정한 자유민주제도라고 볼 수 없다.[30] 남성적 의지의 표현만을 대표하는 공적 세계가 마치 모든 차이를 초월한 시민의 공통성에 근거한 일반 의지의 표현인 것처럼 제시된다면 이것은 가장 큰 문제라고 지적하지 않을 수 없다.

---

30) 이런 입장에서, 영은 공적인 삶의 재정 치화를 선호한다. 그것은 시민들이 그들의 소속(affiliation)에 대한 자신의 정체성을 '무지의 베일'로 가린 채, '얼굴 없는' 존재로서의 '일반 의지'만을 발휘할 것을 요구하지 않는 새로운 방식으로 운영되는 공적 영역을 만들 것을 요구하는 것이다. 거기에서 그녀는 다른 목소리들이 승인되고 효과적으로 대표될 수 있는 기제를 제공하는 '이질적인 공적 세계'의 창조를 제안한다. 동질성과 보편성만이 승인되는 공적 세계는 다른 위치에 처해 있는 구성원들 간에 작용하는 역동성이 억압되고, 대신 자신을 가시화하는 데 유리한 조건을 갖춘 사람의 목소리만이 지배하게 되는 곳을 근대 역사가 보여주기 때문이다.

제2절 남녀평등 한 사회구조로의 유도

우리가 여성의 지위가 남성에 비하여 낮다고 할 때, 지위의 개
념에 따르면, 여성의 지위는 "가정과 지역, 크게는 사회에서 물질
적 자원(음식, 수입, 토지, 기타 형태의 부)과 사회적 자원(지식,
존경, 권력) 등에 대한 여성의 접근 능력"을 의미하거나 "남성의
지위와 관련하여 존경이나 권력 등에서 현재 여성이 속해 있는
지위 계층과의 비교"로 정의31)할 수 있다. 그러나 여성은 물질적
자원을 비롯하여 사회적 자원에의 접근에 제약을 받아 온 것이
사실이다. 이러한 남성과 여성의 지위를 규정해 온 것은 전통적
관습과 법이라고 할 수 있다.

정치권력이 사회를 이끌어 가는 데 기준으로 하는 법은 그 사회
의 시대적 사상을 반영한 인간 행위에 대한 사회윤리적 가치 기준
의 표현과, 다른 한편으로는 그 사회의 변화를 유도하는 영향력을
갖는다. 즉 법은 사회의 산물인 동시에 사회는 법에 의해 영향을
받는다고 할 수 있다. 따라서 법의 사회적 기능을 볼 때 법이 변
화하고 있는 사회에서의 여성의 정치, 경제, 사회, 문화 모든 영역
에서의 사회적 관계와 위치를 발전적으로 반영하고 또 법의 여성
에 대한 종전의 관점과 기준을 변화시킴으로써 사람들의 의식의
변화와 사회의 변화를 유도할 수 있다. 따라서 법 속에 내재되어

---

31) S. Selvaratnam, "Population and Status of Women", *Asia-Pacific Population Journal* 3(2), 1988, p.5.; 문지현, "한국여성의 지위 인식
과 지위 향상 태도에 영향을 미치는 요인에 관한 연구", 「여성연구
논총」 제8집, (서울: 서울여자대학교 여성연구소, 1993), 126면.

있는 남녀의 분리된 영역과 성역할 고정관념에 대한 규정을 폐지, 개정함은 물론 더 나아가 적극적으로 사회에서의 성역할 고정관념을 철폐할 수 있는 적극적인 법적 노력이 있어야 한다. 이를 통하여서만 이 전통적인 성역할 분업의 사회구조를 변화시킬 수 있게 된다.[32] 이러한 활동은 유엔여성차별철폐협약 비준 당사국으로서 당연한 조치이기도 하며, 이는 바로 여성 문제와 관련하여 법의 사회반영기능보다 법의 사회변화유도기능이 강조되는 이유이다.

한 연구에서 한국의 정책결정 구조에 관하여 주요 정책결정 사례를 통해 살펴본 결과 다음의 결과를 제시한다. 이를 인용하면 다음과 같다. 한국에서의 정책결정은 첫째, 모든 정책결정 과정에서 대통령을 포함하는 정부의 주도가 핵심적이다. 특히 대통령의 정치적 의지와 선택이 중요하고 전문직 관료가 이를 뒷받침한다. 둘째, 기득 이익 구조의 기반이 무척 견고하다. 따라서 기존의 권

---

32) 정당법 중 개정 법률안(20000. 2. 8/정당법 제31조 제4항)을 수정함에 있어서 수정 이유 및 수정 주요 골자에는 다음과 같이 기록되어 있다. "현재 국회의원 299명 중 여성의원은 11명으로 3.7%이고, 지방의회 경우에도 광역의원 5.9%, 기초 의원은 1.6%로서 전 세계 평균 여성의원 참여율인 13.1%에 훨씬 못 미치는 상황으로 UNDP가 발표한 성권한 척도에서 한국은 78위로 정치 후진국에 머물러 있어 이와 같은 여성의 저조한 정치 참여는 왜곡되고 불균형한 정책을 낳을 수 있으며, 여성이 사회에 기여할 수 있는 기회를 봉쇄하여 인적자원의 낭비와 국가사회발전을 저해하는 결과를 초래할 수 있는바, 정당이 비례대표 전국선거구 국회의원 후보자와 비례대표선거구 시·도의회 선거 후보자 중 여성을 30% 이상 추천하도록 하는 여성 공천 할당제를 도입, 정당법에 명시함으로써 남녀 동등한 참여에 의한 민주정치 발전과 양성평등사회를 구축하기 위한 것이다."라고 이유를 밝히고 있다.

위적 배분 체계에 영향을 미치는 정책결정은 가능한 한 미룬다
(non-decision). 셋째, 1980년대로 들어오면서 정책 과정은 점차
복잡화되며 참여자 수도 증가한다. 정책결정에서 당시의 정치적,
사회경제적 상황이 매우 중요하며, 특히 권위적 배분 체계의 변화
를 꾀하는 경우, 시민사회의 압력이 큰 구실을 한다. 넷째, 실업
이익을 대표하는 경제인 단체의 기득 이익을 보호하려는 노력은
매우 집요하며 효율적이다. 실업 이익은 기득 이익을 보호하기 위
하여 다른 기득 세력과 제휴하며 무의사 결정적 접근을 자주 시
도한다. 다섯째, 우리나라 정치인은 정책을 주도하지 않으면서, 자
신들의 이익에 반하는 정책결정을 방해하는 경향이 있다. 마지막
으로는 정책결정 과정에서 공익집단의 관여가 지속적으로 늘고
있다는 것이다.[33] 이러한 연구 결과가 여성에게 시사하는 것은
기존의 남성 중심의 정치권력이 여성의 이익을 적극적으로 대변
하기는 힘들 것이며, 여성이 체계 내에 정책결정자로서 참여하는
것만이 여성의 이익을 대변하는 길임을 인식하게 해 준다.

　여성은 위에서 말한 정책의 무의사 결정(non-decision)에 주목
해야 한다고 생각한다. 무의사 결정이란 "의사 결정자의 가치와
이에 반하는 잠재적 또는 현재적 도전을 억압하거나 좌절시키는
결과를 초래하는 결정이다. 보다 명백히 말해서 무의사 결정이란
공동사회에 현존하고 있는 이익(benefits)과 특권(privileges)의 분
배 상태를 변화시키고자 하는 요구가 표현조차 되기도 전에 질식

---

33) 안병영, "정치인과 한국의 정책결정구조", 「정책 결정구조의 비교:
　　정·경관의 역학관계」, 한국 행정학회 국제학술대회 논문집, (1994),
　　285-300면.

시키거나 은폐시키거나, 또는 그러한 요구가 관련 의사결정의 장에 접근하기도 전에 소멸시키거나, 또는 이러한 노력이 실패하는 경우 정책 과정의 결정 및 집행 단계에서 제거 또는 파괴시켜 버리는 수단이다."라고[34] 바크라크와 바라쯔(Baratz)는 정의하였다. 이러한 무의사 결정과 같은 행태가 사회조직의 어디에서나 나타날 수 있고, 실제로 가능하기 때문에 정치 활동에서의 여성대표의 확보와 대표관료제의[35] 문제가 나타나는 것이다. 이미 민주정치를 논하면서 정치적 대표성을 논한 것과 같이, 대표관료제의 개념 자체가 정부의 공무원 인적 구성이 그 사회의 인적 구성을 반영하게끔 하여 정부 관료제 내에 민주적 가치를 주입하고, 관료의 대응성을 확보하려는 의도로 이미 1940년대부터 논의되어 왔다. 즉 관료제가 사회 내의 모든 집단에게 공평하게 대응하도록 하기 위하여 관료가 그 사회를 구성하는 모든 주요 집단으로부터 골고루 충원되어야 한다는 것이다.[36] 결국 양성평등의 실현의 문제는 그것이 가족 관계이든, 고용 현장이든, 교육 현장이든, 국가기관이

---

34) Peter Bachrach and Morton S. Baratz, *Power and Poverty*(New York: Oxford University Press, 1979), p.7.

35) 대표관료제란 "그 사회를 구성하는 모든 주요 집단으로부터 인구 비례에 따라 관료를 충원하고, 그들의 정부 관료제 내의 모든 직무 분야와 계급에 비례적으로 배치함으로써 정부 관료제가 그 사회의 모든 계층과 집단에 공평하게 대응하도록 하는 인사제도"라고 할 수 있다. 강성철·김판석·이종수·최근열·하태권, 「새인사행정론」(서울: 대영문화사, 1996), 58-68면.

36) J.Donald.Kingsley, *Representative Bureaucracy: An Interpretation of the British Civil Service*(Yellow Springs: The Antioch Press, 1944), pp.282-283.

든 어느 곳에서든 지간에 구체적으로 차별이 있는 곳에서 그 문제를 해결하기 위하여 국가의 관료를 포함한 정치행위자들은 이에 대한 사회 문제 인식을 갖고 공익에 기여하는 문제라는 판단 하에 법적인 관여가 이루어져야 한다. 실질적으로 각 개인이나 집단이 공동생활에서 제반 가치를 공평하게 소유하는 경우에 정의를 실현하게 되며, 인간의 존엄과 가치의 실현이 전제되는 여성 인권의 실현은 여성의 실질적 자유와 평등을 실현시킬 수 있는 환경을 조성하는 것이 전제되어야 하며 이를 실현하는 것은 국가의 의무라는 인식이 필요하다.

문화적으로 규정된 역할들은 정부의 정책 개입에 따라 변할 수도 있을 뿐만 아니라 실제로 변한다. 사회학자 뒤르게임(Durkheim)은 국가의 역할은 "군중의 무분별한 생각을 표현하는 것이 아니라, 보다 성숙한 사고를 군중의 생각에 더해 주는 것이다."라고 하였으며,[37] 토크빌은 민주정부를 이룩하는 데에 있어서 무엇보다도 중요한 것은 그 사회 구성원의 태도(manner), 가치관, 사고방식이라고 하였다.[38] 그는 강조하기를 그 나라의 정치체제를 결정하는 요인 중 물리적 환경은 법보다 덜 중요하고 법은 그 나라 사람들의 태도나 생활양식보다 덜 중요하다고 하였다.[39] 그리고 백완기에 의하면 발전적 사고방식으로 9가지를[40] 들면서 이 중 가치의 다원

37) 차남희 역, 「국가사회학」(서울: 학문과 사상사, 1987), 31면.

38) Alesix De Tocqueville, *Democracy in America*(UK: Oxford University Press, 1947), p.213, p.322.

39) 백완기, 「한국의 행정문화」(서울: 고려대학교출판부, 1982), 179면.

40) 발전적 사고방식으로 9가지는 물질적 가치의 중시, 감정이입

화에 의한 사고방식은 '특정의 개인이나 특정의 집단이 모든 가치를 지배하고 독점하는 것을 싫어하며, 소수민족이든 소수집단이든 그들이 설 자리를 마련하여 주고 그들의 가치와 존엄성을 존중한다.'고 한다. 따라서 그 사회를 이루는 중추 세력, 즉 정책결정자들은 민주정부, 민주주의의 실현이라는 보편적 가치관을 받아들이고 완성하려는 자세가 무엇보다도 필요하다. 이것은 사회의 형평성을 이루는 방법이고 사회적 형평은 체계 안에서의 잠재적 또는 현재적인 갈등을 최소화하는 데 의의를 갖는다.[41]

이제는 여성의 태도, 가치관, 생활 방식을 남성의 잣대로 규정지어서는 아니 되며 국가의 정책결정이 '국민'에 당연히 내재되어 있어야 할 여성의 욕구가 배제되는 일은 없어야 한다. 따라서 정책 '논의'에 있어서 사회적 성(gender) 분석은 성에 근거한 기존의 권력구조들에 도전하는지 아니면 그것들을 강화하는지에 초점이 맞추어져야 하며 논의의 장에 여성은 개입해야만 하는 것이다. 여성과 남성에 대한 정책, 프로그램 및 입법의 차별적인 영향은 때로 감춰지거나 가려질 수 있다. 정책 분석에서 성별에 따른 분석이 이루어질 때 이러한 영향들이 밝혀지고, 이전에 감추어진 의미가 드러난다.

즉 조세, 복지, 교육, 고용 등에 관한 공공 정책들은 개인적인 관계에 영향을 주며, 사적 재산의 실질적인 재분배가 공적 분야의

(empathy), 인간의 능력에 대한 신뢰, 가치의 다원화 추구, 성취 욕구, 자기 능력에 대한 한계성의 인식, 성악적인간해석관, 행동주의, 파이(Pie)의 팽창성을 들고 있다. 백완기, 위의 책, 132-155면.
41) 김형렬, 「정책 결정론」, 60-61면.

실질적인 권한의 확장을 의미하고, 사적 부담이 공적 참여를 제한
하는 것처럼 공적인 기회는 사적인 선택을 결정하게 한다는 점,
그리고 가정에서의 여성들의 가사와 육아에 대한 불공평한 책임
들은 가정 밖의 사회에서의 선택을 제약하고,42) 가족 관계에서의
성불평등은 사회에서의 성불평등을 반영하고 동시에 강화한다는
점 그리고 시장에서의 수입 능력의 감소는 가정에서의 권력의 감
소와 의무의 증가로 연결된다43) 것을 인식하고 정책이 여성의
삶을 규정하는 현장에 참여하여야 한다. 이것이 여성에 대한 정책
의 대응성을 높이는 것이다.

다시 말하면 남녀평등은 우리가 추구하고자 하는 바람직한 가
치로 상정한 이상 기회의 평등뿐만 아니라 조건의 평등, 더 나아
가서 결과의 평등까지 담보하는 개념임을 우리는 인식하여야 한

42) 1998년 현재 국제노동기구(ILO)에 의한 자료에 의하면 한국의 여
성근로자가 육아와 가사 부담으로 인해 경제활동에 제약을 받고 있
음을 알 수 있다.

〈각국의 여성 경제활동 참여 비율〉

단위: %

구분	20-24세	25-29세	30-34세	35-39세	40-44세	45-49세	50-54세
한국	61.0	51.8	47.2	58.4	63.3	61.5	55.0
미국	73.0	77.3	75.4	75.6	78.6	78.8	73.0
노르웨이	70.0	80.8	82.9	83.6	85.5	86.1	79.1
독일	67.0	74.2	74.2	76.0	78.7	77.2	69.1
일본	74.3	69.2	55.8	62.2	70.2	72.4	67.8

출처: *The Korea Herald*, 2000년 8월 26일, 3면에서 인용.

43) D. L. Rhode, "Feminism and the State", *Harvard Law Review*,
(1993), p.1187 이하 참조; D. L. Rhode, *Justice and Gender* p.125
이하 참조.

다. 앞으로 남녀가 평등하게 다루어지는 정책결정은 결과의 평등을 목표로 하며, 성별 역할 분리의 관점에서 양성적 관점으로 전환하고, 여성 노동에 대하여는 국가의 효율성 중심에서 남녀동등 권한의 관점으로 전환이 있어야 한다. 이를 위해서 여성은 정책결정 과정에서 주류화44)되어야 하며, 이는 정책이 성의 주류화를 가능하게 하는 요인이 될 것이라는 주장이다.

제3절 정책결정직 여성 대표성 실현의 선진 사례

정책결정직 여성 대표성을 통하여 여성적 가치의 실현과 남녀 평등 한 사회구조로의 변화가 가능했던 사례는 유럽 국가들의 경우에서 살펴볼 수 있다. 유럽 국가들에서 남녀평등전략은 페미니즘운동에 뿌리를 두고 있으며 유엔, 국제노동기구, 유럽이사회와 같은 국제기구로부터 지지를 받았다. 여성해방운동 이전에 그들은 정당과 노조 내에서의 활동, 법률 개정을 위한 로비 및 전통적인 압력 단체의 정치와 같은 내부전략을 이용하여 왔다. 1970년대와 1980년대에 유럽의 대부분의 국가들은 여성정책기구라는 것을 만들었다. 이것은 여성 지위의 향상을 담당하는 공식적인 법적 정부

---

44) 여성의 주류화는 정책결정에 여성이 적극 참여하여 여성 자신의 욕구와 우선순위를 대변할 수 있게 하는 것이고, 성의 주류화는 주요 정책과 계획, 프로그램에 성이 고려됨으로써 여성의 요구에 반응하는 정책이 되게 하는 것이다. (Lorrain, Comer, A Gender Approach to The Advancement of Women: Handout and Notes for Gender Workshops (UNIFEM East & Southeast Asia, Bangkok, 1999).

기관이다. 유럽연합은 유럽위원회에 평등기회국이라는 형태의 여성정책기구와 유럽의회에 여성 및 평등위원회를 가지고 있다. 이러한 대부분의 여성정책기구는 현 정부의 임기 정도만 지속되었고 새로운 정부가 들어섰을 때에는 대체되거나 개정되고 바뀌어졌다.

이러한 기구들의 임무는 시간이 지남에 따라 변화되며, 국가 간에 임무상의 차이가 존재하지만 각 나라에는 고용에서의 양성평등의 임무를 가진 정책 기구가 있었으며, 이러한 기구들이 개선하고자 하는 것은 여성과 남성 간의 불평등한 임금 문제에 있었다. 불평등한 임금은 다른 모든 불평등의 징후로 간주되었고 불평등의 진단이 내려지면 여성 정책의 네트워크는 보다 포괄적인 입법조치를 요구하였다. 불평등한 임금의 가장 직접적인 원인은 성에 의해서 수직적으로, 수평적으로 분리된 노동시장이라는 데 모두가 동의하고 있다. 유럽 고용 자료에 의하면 남성에 가장 근접한 임금을 받는 여성은 스웨덴과 노르웨이이다. 여성과 남성의 고용 기회의 평등 문제는 서유럽의 공공 정책이 지속적으로 관심을 갖는 문제이다. 그러나 각 나라의 정책들은 다양하며, 매우 상이한 복지국가의 맥락 내에서 만들어진다. 남녀평등고용법이 형식적인 평등을 제공하면서 성별 간 비임금 노동의 분담에서 나타나는 실제적인 불평등을 무시하는가 하는 것은 매우 중요하다. 이처럼 정책에서 성별 차이를 무시한다면 노동시장에 진입하는 여성의 다수가 남성과 동일한 조건을 갖는다는 것이 불가능하다. 여기서 중요한 쟁점은 여성의 대표적인 비임금노동인 육아에 관한 정책이다.

42

정책 서비스가 다르다는 것은 유럽 여성들이 서로 다른 조건에서 노동시장에 통합되는 것을 의미하며, 따라서 각 나라의 양성평등 전략은 각각 다른 문제들을 다루고 있다고 볼 수 있다.

제인 루이스는 비임금노동에 관한 문제에 개입하는 나라와 개입 하지 않은 나라의 차이를 중요한 것으로 구분하면서 개입하지 않는 나라들의 여성은 덜 행복하다는 가설을 제시하였다.[45] 예를 들어 북구 국가들은 관대한 출산휴가제도와 같이 정책 개입이 가장 많으 며, 전 생애에 걸쳐 북구 여성들은 물질적으로 가장 좋은 대우를 받 는다. 유럽연합에 대해 스웨덴 노르웨이 여성들의 관심이 낮은 것 은, 유럽연합에의 가입이 유럽연합 국가 여성의 낮은 물질적 수준 으로의 하향 평준화를 가져올 것을 우려하기 때문이라고 설명한다.

현대 민주주의 국가에서 나타나는 페미니즘의 특징적인 모습은 여성 문제의 쟁점과 여성의 정당 조직과 같은 기존 조직의 부흥 을 책임지는 새로운 기구가 설립되고 있는 것이다. 이러한 변화는 여성주의적 관심을 갖는 많은 분야에서 확실해지고 있으며, 조직 의 상당한 영역에 영향을 미치고 있다. 일찍이 영국, 덴마크, 네덜 란드에서 경찰은 가정폭력부서를 설치하였고, 강간 소송과 치료소 는 경찰서와 도시 지역의 병원에서 볼 수 있었다. 여성의 쉼터는 지역복지서비스의 중요한 부분이 되고 있다. 여성위원회와 여성부 서는 독일, 프랑스, 이탈리아, 스페인, 노르웨이, 영국에서 또는 관 내 단위에서 운영되고 있다. 여성의 일만을 전담하는 부서를 설치

---

45) J. Lewis, Women and Social Politics in Europe(Aldershot: Edward Elgar, 1993), pp.21-30.

하는 것이 여성의 문제를 주변화시킨다는 비판을 받기도 하지만 이러한 제도와 시설들은 여성의 요구가 반영된 정치의 중요한 성과이며, 이전에 당국에 의해 제기되지 않은 정책 분야가 제도적으로 표현된 것이라고 볼 수 있다. 이처럼 다양한 기구들은 중앙정부 차원에서 운영되며 가장 잘 설치된 기구는 고용에서 양성평등의 정책을 감시하고 실행하는 기구들이다. 여성정책기구의 분류에 의하면 덴마크, 네덜란드, 그리고 노르웨이는 강한 국가 페미니즘으로 분류된다. 이들 나라의 시스템은 여성 정책에 대해 강력한 영향력을 가지며 정책 과정에서 여성의 시각이 접근하기에 매우 용이한 기구들을 가지고 있다. 아일랜드와 이탈리아는 접근 정도와 영향력 면에서 낮은 점수를 받고 있으며 최소한의 국가 페미니즘으로 분류된다. 그 나머지의 국가들은 중간 범주에 속하게 된다. 국가 페미니즘이 잘 이루어진 나라들에서 페미니스트 집단들로부터 강력한 압력을 받는 사회민주당 정부는 여성의 관심과 이익을 중앙정부의 정책 내용에 포함될 수 있게 하는 강력한 권한을 가진 힘 있는 부서를 설치하는 등의 남녀평등의지를 실현하고자 한다. 이러한 나라들은 사회적 평등에 높은 가치를 두며 국가는 평등전략에 대한 적절한 감시자라는 것에 대한 광범위한 합의가 이루어진 상태에서 운영된다. 그리고 강한 국가 페미니즘은 비교적 높은 수준의 여성의 정치적 대표성과 관련되는 요인들과 관계되어 있는 것으로 보인다. 1960년대 이래로 정치적 의사결정 영역의 사회적 구성은 더 여성화되고 있으며, 정책 의제는 여성의 이익과 사고가 활동에 의한 정치화된 쟁점들을 분명하게 거론하며, 제도적 장치는 많은 국가들이 이전에 침묵했던 분야의 정책을 수행하기 위해 만들어졌다. 스칸디나비아의 정치와 여성에 대한 달립의 연구는 의회에서 여성의원 수의 증가는 후대의 여성들이 더 쉽게 의회에 진출하게 만드는 구조로 영구적인 변화를 가져올 것이라고 말하고 있다. 북구 국가들은 양성평등 문제에 대해 항상 다른 유럽 나라들보다 앞서 가고 있다. 이 나라들은 개선, 즉 진보가 가능함을 보여주고 있는 것이다. 그들 전략의 내용이 이제 다른 나라들에서도 발견되며, 남녀평등의지는 언젠가는 여성의 완전한 사회적 통합을 가능하게 할 것으로 보인다.

위에서 지적한 정책결정에서의 여성의 사회적 통합은 다음과 같은 사례를 통해서 그 결과를 짐작하게 해 준다. 정책결정직에서의 여성 통합의 결과를 설명하고자 하는 것이다. 노르웨이에서는 1986년도에 여성 국무총리가 선출되었다. 노동당의 브룬트란드(Gro Harlem Bruntland)가 국무총리가 되면서 내각의 반 정도가 여성으로 구성되었으며, 1990년도 가을에 브룬트란드는 다시 총리직에 선출되었고 여성 비율도 높아졌다. 노동, 외무, 사법, 농, 수산, 상공, 개발, 문화, 사회복지부 등 9개 부처에 여성 장관이 임명되었고 동시에 의회에서의 여성 비율은 36%, 시의회에서의 여성 비율은 31%로 증가하였다. 이처럼 많은 여성이 의회에 들어감에 따라 여성의 문제, 관심, 가치가 공개적으로 그리고 자주 토론되고 논의되어 입법화되는 것을 가능케 하였다. 많은 여성들이 여성운동권에서 정치적 훈련을 받게 되었고 여성운동을 통해 여권 의제로 채택된 것을 기존의 정치 영역으로 끌어들임으로써 의미 있는

효과를 거두게 되었다.[46] 또한 많은 수의 여성이 공직에 있게 됨
으로써 공적 문제를 다루는 데도 여성의 시각 도입이 가능하게 되
었다.[47]

46) Jill M.Bystydzienski(ed), *Women Transforming Politics*(Bloomington :
    Indiana University Press, 1992), p.21.
47) T. Skard, *Chosen for Parliament*(Oslo : Gyldendal, 1980), p.192.

제3장 정책결정직 여성 대표성에 관한 국내외 현황

제1절 정책결정직 여성 대표성의 세계적인 동향

1. 여성의 대표성 향상을 위한 유엔의 활동

UN은 제2차세계대전 직후 1945년 세계평화와 인권 보장을 도모하기 위한 국제기구로서 창설 당시부터 세계 인구의 반수를 차지하는 여성들이 전 세계적으로 오랫동안 성차별을 받아 왔다는 사실을 직시하고 '성차별 없는 모든 사람의 인권과 기본적 자유의 존중'을 유엔의 활동 목적으로서 유엔헌장(The Charter)에 천명하였다. 그리고 여성차별 문제의 특수성과 전문성을 감안하여 유엔경제사회 이사회 산하에 인권위원회와는 별개의 기능위원회로서 여성 지위위원회(Commission on the Status of Women)를 1946년 6월에 설치하여, 유엔의 남녀평등권 실현을 위한 주요 활동을 주도하도록 하고 있다.

여성 지위위원회는 1967년 여성차별 문제만을 별도로 다룬 유엔 최초의 문서로서 여성차별철폐선언(Declaration on the Elimination of Discrimination against Women)을 유엔총회에서 만장일치로 채택하게 하였다. 또한 1975년을 '세계 여성의 해'로 선포하고 1976년부터 1985년까지의 10년을 '여성 발전 10년'으로 설정하였다. 또한

50

1979년 12월에 유엔여성차별철폐협약을 채택하였으며 1975년, 1980년, 1985년, 1995년 4차례의 대규모 세계여성회의를 개최하고 매번 각 국가가 이행해야 할 남녀평등실현전략을 발전시켜 나갔다. 이에 따라 남녀평등의 개념이 전통적 성별 역할 분업론을 극복하고 가정에서나 사회에서의 역할과 권한, 참여를 남녀가 동등하게 공유하고 책임도 나누는 것임이 분명히 확립되었고 국가의 실현책임이 강조되었다.[48] UN의 여성차별철폐협약(1979) 이후 세계 각국은 이 협약의 원칙에 따르는 정책을 시행하기 위하여 구체적인 남녀평등 법·제도를 마련하여 시행하고 있다. 그러나 현실적으로는 아직도 평등의 길은 저 멀리 있는 듯 새로 마련된 평등 법제의 실효성이 크게 나타나지 못하고 있다. 종래의 남녀평등 법제는 기본적으로 성에 의한 직접적인 차별 금지에 중점을 두고 있었다. 왜냐하면 차별 행위를 금지하여 법률상으로 남녀를 평등하게 취급하면 개인으로서의 여성 각자에게 평등한 기회가 보장되어 차별 문제는 해결될 것으로 알았기 때문이다. 그러나 실상은 그렇지가 못했다.

국제적으로 볼 때 뉴욕 소재 유엔대표부에 여성대사는 1994년 7명에서 2000년 4월 현재 12명으로 늘어났다. 유엔시스템은 모든 직급과 분야에 걸쳐 정책결정직위에 여성의 숫자를 늘리는 데 주력해 왔다. 유엔사무국의 상위 정책결정직에 있어서 여성의 대표성이 높아지고 있지만 2000년까지 50% 목표 달성은 아직 이루어

---

48) 김엘림, "여성 정책의 국제적 발전 동향", 「여성, 여성 정책, 그리고 사회참여」, 성신여자대학교 한국여성연구소 2000년 춘계학술대회, (2000. 5. 13), 3-7면.

지지 않았다. 그렇지만 통계상 유엔사무국 내 여성의 지위는 느리지만 꾸준히 향상되고 있다.49) 1999년 1월 이래 지역 안배에 따른 여성 임명은 37.7%에서 38.6%로 증가하였다. 1994년 11월에 제출된 유엔사무국 내 여성의 지위 향상을 위한 사무총장의 실천계획(1995~2000년)에 힘입어 부국장급 여성의 비율이 15.1%에서 29.7%로 높아졌다. 정부의 장·차관급 정책결정직에 여성의 대표성은 매우 느린 진전을 보이고 있다. 예를 들면 1996년 여성 장관급은 세계적으로 6.8%에서 1997년 7%, 1998년 7.4%의 진전을 보이고 있으며, 여성장관은 교육, 보건, 여성, 가족 등 사회 분야 장관이 대부분인 것으로 나타난다. 노르딕 국가들은 여성의 의회 진출이 가장 앞서 가는데 평균 36.4%이다. 스웨덴은 하원에 진출한 여성이 43%로 세계 최고 수준이다.50)

　차별의 문제는 '구조적인 차별'에 있다는 인식이 확산되면서 이 구조를 개선하기 위한 방안을 모색하게 된 것이다. 예를 들어 남녀의 임금 격차가 없어지지 않는 근본적인 이유에 대한 연구에서 이는 직업 교육에 있어서의 남녀 간의 불균형, 저임금 직종에의 여성 집중, 남녀의 직역(職域)의 분리 현상 등이 여전히 남아 있는데 그 배경에는 가족 책임에 대한 여성의 무거운 부담 등이 교육 기회를 얻지 못하게 하고 직장에서의 장시간 근무를 불가능하

---

49) 행정자치부 여성정책담당관실, "유엔여성특별총회 참가 및 영국방문 결과보고서", (2000. 7), 5-8면.
50) 노르딕 국가들의 여성의 높은 의회 참여 원인으로는 교육 기회의 평등, 여성들의 높은 투표의식, 남녀 공히 가정과 직장을 조화시킬 수 있는 폭넓은 국가 시책의 수립 등이 주요 원인으로 꼽힌다.

게 하는 등의 구조적인 문제가 있다는 사실에 대한 인식에서 출발한다. 북경회의 당시 189개국 중 21개국만이 여성의 정책결정참여 확대에 대한 강한 의지를 밝혔었다.

그 이후 이에 대해 정부 간에 또 NGO 간에 많은 논의가 있었다. 이러한 문제에 접근하여 종래의 장애를 없애지 않는 한 남녀평등은 달성될 수 없다는 판단과 결론으로 지금까지의 제도는 남성에게 유리하게 남성 중심으로 짜여져 있기 때문에 그 틀을 고쳐 여성의 불리한 입장을 개선해 나가야 한다는 시스템 변화의 필요성을 인식하게 되었다. 이러한 경향이 세계 공통적 추세이다. 따라서 세계 주요 선진국에서는 남녀 간의 '사실상의 평등'을 목표로 다양한 입법 활동이 활발하게 전개되고 있는데 그 동향을 몇 가지로 분류하면 다음과 같이 설명할 수 있다.

첫째는 「Affirmative Action」제도를[51] 채택하여 직접적인 성차

---

51) 각종 조직 내에서 환경적 장애 요인을 제거하지 못한 상태에서 사회적 형평성을 고려한 대표성을 증진하기 위해 적극적 조치를 취하는 경우가 있다. 이는 미국을 중심으로 캐나다, 호주, 남아프리카공화국에서는 Affirmative action으로 불리며, 영국을 중심으로 한 유럽 제국들은 Positive action 혹은 독특한 명칭으로 불린다. (Australia Affirmative Action Agency, Affirmative Action Annual Report (Canberra: Australian Government Publishment Service, 1999, p.5.) Affirmative action과 같은 사회적 형평성 향상을 위한 구체적인 국가의 인력 정책은 단일한 정책이나 프로그램을 의미하는 것이 아니다. 이것은 여러 중복되는 종류의 정책들 및 프로그램들일 뿐만 아니라 고용 분야에만 국한되는 것이 아니라 고용, 교육, 사업, 조합 성원, 정치인 구성 등 다양한 분야들에 적용되며 소극적인 차별 금지부터 소수집단 및 소외 계층을 특별 대우 또는 우대하는 것에 이르기까지 강도 또한 다양하다. Sowell은 단지 현재의 차별적 관행을 멈추게 하거나 제거하는 것뿐만 아니라 이들 관행들이 야기한 손실들을 '복구'하

별뿐만 아니라 간접적인 차별, 즉 결과적인 차별을 막고자 하는 나라가 점점 늘어나고 있다. 일부 국가의 경우 평등의 엄격한 개념은 적극적 조치의 도입과 상반된다고 인식하는 데 비해, 또 다른 국가에서는 적극적 조치가 실시되었다.

둘째는 직장에서 야기되고 있는 각양각색의 성적인 괴롭힘

는 조치를 취하는 것도 의미한다고 정의하였고(Thomas, Sowell, "Affirmative action reconsidered", *Public Interest*, Vol.42. p.48), Benokraitis와 Feagin은 "공식적인 차별 관행들의 철폐를 위해 공공 조직과 민간 조직이 정부의 격려와 후원을 받으며 하는 자발적 행위이며, 이것은 소극적인 차별 안 하기 이상의 행위를 의미한다. 또한 이것은 소수민과 여성이 미국의 고용 시설과 교육기관에서 자신들의 정당한 자리를 차지하지 못하도록 막는 모든 장벽들, 비공식적인 것이나 잘 드러나지 않는 미묘한 장벽들까지도 제거하기 위해 다양한 조직체들이 적극적으로, 단호하게, 그리고 공격적으로 행동해야 한다는 것을 뜻한다."라고 정의한다. (Nijole V. Benokraitis and Joe R. Feagin, *Affirmative Action and Equal Opportunity: Action, Inaction, Reaction*, (Boulder, Colorado: Westview Press), p.1.) 김형렬은 미국의 적극적 인력 정책을 소개하면서 Affirmative action은 "차별 행위를 금하는 것만으로는 소수민족이나 장애인 또는 직업을 가진 여성 등과 같은 사회의 소수집단을 도와주는 데 별로 효과가 없었기에, 각 사용자는 이들이 자격이나 능력 면에서 다소 불충분하더라도 적극적으로 활용하라."는 뜻으로 풀이해야 한다고 주장한다. 그런 인식하에서 Affirmative action은 채용·임금·보직·훈련 및 승진에 있어서 수동적이고 중립적인 무차별 정책이나 실적주의 정책을 넘어서서 적극적으로 소수민족·장애인·여성 등을 활용하는 정책"이라고 정의한다.(김형렬, "미국의 적극고용정책에 관한 고찰", 「연세행정논총」 제8집, (서울: 연세대학교, 1981), 6면). 이러한 정의들을 살펴볼 때 Affirmative action은 국가가 차별적인 상황을 타파하기 위해 적극적으로 나서는 인력 정책이며 이는 정치 및 행정, 사회 각 분야에서 이루어져야 하는 활동이라고 말할 수 있다. 이는 이미 한국에서도 정치 분야와 공직 사회에서 적용되고 있는 개념이다.

(Sexual Harassment)을 고용상의 성차별 행위로 규제하고자 하는 입법 경향이다.

셋째는 여성이 일방적으로 가족에 대한 책임을 부담하게 됨으로써 부과되는 직업 생활의 애로점을 덜어주기 위한 법적인 지원책을 마련하는 것이다. 이러한 적극적인 여성 정책을 추진하기 위하여 각급 의회나 행정부 내의 고위직 및 정책결정에 영향을 미치는 공적인 위원회나 심의회에 남녀의 수를 균형 있게 참여시키기 위한 법적인 장치를 두는 나라도 늘어나고 있다. 그리고 남녀 평등 정책을 전담하는 행정 기구 및 감독 기관을 설치하는 규정을 마련하고 있는 나라도 다수이다.

외국 정부의 적극적 조치의 사례로는 공공 부문에서의 여성차별 철폐를 위한 적극적 조치(Affirmative Action Program)는 1960년대 이후 미국을 비롯한 선진 유럽 국가에서 채택·운영되고 있다.

2. 유럽 국가(스웨덴/영국/핀란드/독일)

가. 스웨덴

스웨덴의 경우 의회에서의 여성 참여율은 총 의회의원 349명 중 152명으로 43.6%이다. 여성의원 비율은 사회민주당 50.4%, 보수당 30.5%, 좌파당 39.5%, 기독교민주당 40.5%, 중앙당 55.6%, 자유당 35.3%, 녹색당 56.2%이다. 의원 선거에서의 여성후보자에 대한 할당 비율을 살펴보면 사회민주당 50%, 보수당 20%, 좌파

당 50%, 기민당 40%, 중앙당 40%이다.[52]

공공부문에서는 여성채용목표제(40%)를 채택하여 남녀의 비율이 평등화되지 않은 직종에 대해서는 신규 채용 또는 결원 보충 시 여성을 우선적으로 채용하고 있다(만약 남성이 소수인 경우에는 남성을 우선적으로 채용). 특히 1989년에는 고위직의 20%를 여성으로 임명하는 남녀평등계획을 수립·시행하여 고위직 여성 공무원 비율이 1986년 8%에서 1990년 20%로 증가하였으며 여성 장관 비율도 1986년 23.8%에서 1990년에는 38%로 증가하였다.

공무원의 경우 관리직의 비율은 30% 정도로 나타나며, 특히 여성외교관은 전체 610명 중 254명으로 42%를 차지하고 참사관 수준에서는 19%를 차지한다. 그리고 정부의 각종 위원회에 여성 비율을 늘려 나가기 위해 정부 임명직을 채울 때 부서 간에 보다 나은 조정을 할 수 있는 제도로 평등업무부장관은 내각이 임명 사항을 결정하기 전에 임명 추천을 서면으로 관리하고, 검토하고, 승인할 책임을 갖도록 하였다. 스웨덴의 경우에서 정치 부분의 정당이 채택하고 있는 여성 할당 비율은 여성의 정치 참여 활성화에 크게 기여하는 것으로 전 세계 여성 정치 참여의 모범이 되고 있다.

스웨덴은 1980년 1월부터 직장에서의 「남녀평등법」이 효력을 발휘하면서 '차별의 금지와 평등의 촉진'이라는 목적에 따라 법 제정 시에 남녀가 각각 직장에서 40% 정도의 비율을 차지하면 균등한 수를 차지한 것으로 본다는 목표를 세웠고, 사민당 정부는

52) http://db-decision.de/english/〈2000. 8. 14〉.

평등 기회 증진을 위한 행동 계획인 '1990년대 중반을 향한 평등
정책 수립'을 수립, 1988년 국회에서 채택되면서 활성화되었고,
1991년에는 10인 이상 고용하는 사용자들에 대한 고용상의 평등
촉진실천의무사항을 규정한 「신평등법」이 제정되어 직장에서 남
녀 비율 형평뿐만 아니라 가정과 직업을 양립시키고 육아를 담당
해 온 양친의 역할을 지원하는 적극적인 조치에 역점을 두고 있
다. 사민당정부의 사회복지제도 확대 추진은 공공 부문의 고용자
수를 크게 증가시켰고 이들 일자리 중 많은 수가 여성들에 의하
여 채워졌다. 그 결과 1989년 공공 부문 종사자의 70.5%가 여성
이고 특히 교사, 의료서비스직 등의 여성 고용이 크게 늘어 전체
여성의 46%가 이 부분에 취업하고 있는 것으로 나타났다.

이 밖에 스웨덴은 여성공무원 능력 개발을 위하여 공무원 교육
훈련 과정에서도 여성 비율을 40%로 하는 목표를 수립 · 시행하
고 있다.[53]

나. 영 국

영국은 1997년 총선을 기점으로 총 의원 수 659명 중 120명
(18.2%)의 여성의원이 당선[54]되어 이전에 비하여 2배 이상 증가
되었는데[55] 이는 노동당의 여성의 대표성 향상을 위한 노력에 기

---

53) 권경득, "공직인사상의 여성차별실태와 개선 방안", 「정부와 여성 참
   여」, 한국행정학회, 2000년도 기획세미나 자료집, (2000. 3. 7),
   157-158면.
54) 이때 여성의원 후보 출마자는 658명으로 당선율은 17.5%이다.

인한다. 노동당은 101명의 여성이 의원(노동당 의원 수 418명)에 당선되었으며 영국노동당 정부 내 19명의 여성이 장관직을 맡고 있다. 이는 1997년 총선 전 노령으로 은퇴하는 남성의원 지역구의 50%와 승산 가능성이 큰 지역구의 위원장 자리 50%를 여성에게 할당하는 정책을 통과시켰고, 블레어 총리는 1997년 총선에서 여성의원 후보자를 당선 가능 지역에 다수 공천하고 선거운동을 지원한 데 따른 성과였다. 또한 노동당은 여성후보와 여성의원과의 모임을 통하여 선거운동을 배우게 하고, 여성네트워크를 구성하도록 지원하기도 하였다.

또한 공직에서의 여성 대표성은 1999년 4월 현재 영국의 전체 공무원 수는 비현업과 현업을 포함하여 총 480,993명이며, 이 중 여성공무원 수는 총 240,281명으로서 전체 공무원의 48.1%를 차지하고 있으며, 비현업의 경우 전체 공무원의 51.4%를 차지한다. 관리직 여성 비율은 33%(고급관리자; SCS 19%, 중견 관리자 29%, 초급 관리자 46%)로 나타났다.[56]

영국은 여성공무원의 평등을 촉진시키기 위해 1984년 여성공무원 행동 계획을 수립했고, 1992년 이를 개정하였다. 1999년 현재 정부기관 중 90% 이상이 공무원 행동 계획을 수립한다. 이를 통해 관리직에서의 남녀 불균형을 철폐하기 위하여 의도적으로 고

---

55) 영국에서 1992년 당시 여성의 의회 진출 비율은 7.5%(상원에서 6.5%, 하원에서 9.2%)로 63명의 여성의원이 있었다.

56) 영국의 경우 여성들은 시간제 근무의 비율이 높은데 시간제 근무자 중 90.5%가 여성이며, 전체 여성인원 중 시간제 근무 여성 비율은 16.6%이다. 그리고 전체 여성인원 중 관리직에서 시간제 근무 여성 비율은 6.2%이다.

위직 및 관리직 공무원에 여성을 임명토록 하고 있으며, 여성공무
원 신규 진출을 장려하고 있다. 이의 일환으로 1997년 가을 총리
실 내에 과장급(SCS) 이상에 여성공무원을 증가시키기 위한 작
업반을 설치하기도 하였다. 2004년까지 과장급의 35%, 고위직
600개의 직위 중 25%를 여성으로 충원할 계획을 가지고 있다.[57)
이보다 앞서 영국은 1998년 8월 공직에 대표성이 부족한 집단의
참여를 촉진하기 위한 법안을 제출하였으며, 신규 임용에 있어서
남녀의 비율을 50:50을 목표로 한다는 것에 의견 일치를 보았고,
정부는 여성이나 소수민족, 장애인 등의 소수그룹이 정책결정 과
정에 참여하는 것을 고무시키고 있다. 이러한 조치는 사회 구성원
전체의 주류화를 목표로 진행되는 것이다.

다. 핀란드

핀란드는 모든 정당이 당원들의 투표를 통해 의회의원 후보자
를 선출하도록 법으로 규정하고 있는 나라이다.[58) 핀란드의 의회
의원 여성 비율은 총 인원 200명 중 74명으로 37.0%이고, 여성의
원 비율이 가장 높은 정당은 녹색당(Green League)으로 11명 중
9명이 여성으로 81.8%이다. 사회민주당의 경우도 51명의 의원 중
22명으로 여성이 43.1%를 차지한다.[59) 또한 정부기구 내 의사결

---

57) 행정자치부 여성정책담당관실, "유엔 특별총회 참가 및 영국방문
    결과보고서", 2000. 7, 8면.
58) 신명순, 「비교정치」(서울: 박영사, 1999), 275면.
59) Statistics Finland, *Women and Men in Finland* 1999, p.114.

정 과정의 여성 참여 40% 규정은 1995년 개정된 평등법(The Equality Act)에 명문 규정화되었고 이를 계기로 더 많은 여성이 참여하게 되었다.[60] 내각 구성 인원에 있어서도 18명 중 8명이 여성으로 44.4%이다. 일부 정당(사민당, 좌익연맹, 녹색연맹, 기민당)은 여성후보자 공천 40% 규정이 있다. 또한 공공부문 여성관리직 비율은 1995년 현재 중앙정부는 32%, 지방자치단체는 43%로 나타나 있다.[61] 고위 공무원단(A28-A34등급)에서도 여성 비율을 40%로 높이는 목표를 세우고 있으며, 그에 대한 규제를 어떻게 할 것인지에 대하여는 논의가 계속되고 있다.[62]

핀란드에서의 남녀평등 증진 정책은 1987년 남녀평등법의 제정으로 가시화되었다. 이 법의 목적은 남녀 간 평등을 증진하고, 성을 기준으로 한 차별을 방지하며, 여성의 지위, 특히 직업 생활에서의 여성의 지위를 증진시키고자 하는 것이었다. 이 법은 행정기관과 모든 고용주에게 평등을 진작시킬 것을 요구하였다. 이 법은 행정적 법정 조직과 지방자치단체 조직의 구성원 중 적어도 40%는 여성 또는 남성이 되어야 한다고 규정하였다. 1995년 3월 개정된 평등법은 남녀 평등권을 강화시켰다. 강화된 평등법은 정부위원회, 자문기구 및 지방자치단체의 의사결정 및 정책결정에 여성 또는 남성이 40% 이하

---

60) Ministry of Social Affairs and Health & Office of the Ombudsman for Equality, *Mainstreaming Equality: The State of Gender Equality on The Eve of the 21st Century*, 1999, p.50.

61) Statistics Finland, p.126.

62) 중앙인사위원회, 「14개 OECD 회원국의 고위공무원제도」, (중앙인사위원회, 미발간, 2000), 30면.

로 참여할 경우 불균형적 조직으로 간주하며 시정할 것을 요구하는
것이다.

라. 독 일

1998년 9월 현재 의회 내 여성의원 비율은 하원에서 전체 669
명 중 207명으로 30.9%이며, 상원에서는 전체 69명 중 43명으로
62.3%를 차지하고 있다. 독일의 의회의원 후보들은 지구당 조직
에 의해 선출되고 중앙당은 이를 거부할 권한이 없다고 법에 규
정하고 있다. 그리고 사회민주당은 1988년 당규를 개정하여 1990
년부터 비례대표 후보 명부에 여성 할당을 적용하여 1990년 25%,
1994년 33.3%, 1998년 40%를 할당하도록 명문화하였다. 사회민주
당은 여성할당제를 2013년까지 실시하기로 하였는데 이는 2013년
이후로는 남녀가 동등하게 참여할 수 있는 문화의 정착이 가능하
리라고 보기 때문이다. 녹색당은 진보적 여권주의 정당으로 정당
의 주요 정책결정직에서 여성 당원이 50% 할당되어야 함을 당헌
과 당규에 명시하였다. 또한 기독교 민주당은 정당의 당직에 1/3
을 여성에게 할당하고 정당명부비례대표제에 여성후보 30% 보장
을 명문화하였다. 또한 유럽의회의 여성 참여 비율을 보면 유럽에
서 여성의 대표성은 아시아 국가의 일반적 현황과는 비교가 되지
않을 만큼 높은 상황이다.[63]

독일의 여성공무원은 1995년 현재 34%이며, 고급 직렬에서는
16.1%, 상위직렬에서는 24%, 중간 직렬에서는 40.3%, 단순 직렬

에서는 14.4%의 대표성을 갖는다. 독일의 여성공무원 육성은 여
성지원법이 근거가 되고 있으며 시행 내용 중 본 법의 적용을 받
는 모든 행정기관은 여성이 적게 대표되고 있는 모든 분야에서
고위직을 포함하여 채용과 승진 시 여성 비율을 높이기 위한 여
성고용촉진계획 수립 등 적극적인 조치를 취하도록 하고 있다. 특
히 여성의 진출이 미약한 분야의 채용 시 여성의 적극적인 응모
를 독려하고 있으며 동 법률은 고위직이나 성과업무직에 전일제
고용 형태와 함께 시간제 고용 형태도 함께 도입하도록 규정하고
있다.

---

63) 〈1999년 유럽의회 내 남녀의원 비율〉

국가	여성	남성	전체	여성 비율(%)
프랑스	35	52	87	40.2
덴마크	6	10	16	37.5
독일	36	63	99	36.4
스페인	22	42	64	34.4
아일랜드	5	10	15	33.3
네덜란드	10	21	31	32.3
벨기에	8	17	25	32.0
영국	21	66	87	24.1
포르투갈	5	20	25	20.0
그리스	4	21	25	16.0
이탈리아	9	78	87	10.3
룩셈부르크	0	6	6	0

출처: Rachel Mclean, *National Women's Officer*, (The Labor Party)

3. 미 국

정치 부문에서는 1970년 이래 특히 1990년대 들어와 여성의 정치
참여가 신장되어 2000년 현재 제106대 의회에 상원 100명 중 9명
(9.0%), 하원 435명 중 56명(12.9%)이 여성으로 총 65명(12.1%)
의 여성의원이 있다. 이는 1970년대에 비해 5배 이상 증가를 보이
는 것이다. 행정부 차원에서는 1963년의 동일임금법, 1964년의 민
권법과 1967년 대통령 행정명령 제11375호에 의한 적극적 조치 규
정, 1972년의 고용기회평등법 등에 의하여 여성차별철폐와 여성 임
용의 확대를 위한 적극적 조치가 취해졌다. 적극적 조치의 내용은
채용 과정에서 여성차별을 금지하고, 여성을 일정한 비율로 채용하
도록 규정하고 있다. 이를 위하여 연방정부는 평등고용위원회
(EEOC)를 설치하여 행정기관의 채용 과정에서 성별이나 인종 등
과 관련된 차별을 금지하는 적극적 조치를 이행하도록 지도ㆍ감독
하고 있다. 또한 각 부의 장관이나 행정기관의 장은 동 조치와 관
련하여 평등고용위원회가 요구하는 필요한 자료와 정보를 제공하
고 협조할 수 있도록 규정하고 있다. 특히 공직에서의 여성 승진과
관련하여 실적보호위원회(Merit System Protection Board)는 능력
과 업적에 관계없이 여성이 상위직으로 승진하는 것을 제약하는 장
애 요인(일명: Glass Ceiling)의 존재 여부를 검토한 조사보고서에
기초하여 승진 과정에서 여성에 대한 차별 또는 장애 요인이 존재
한다고 지적하였다. 1991년 차별금지법(Glass Ceiling Act, The
Civil Right Act of 1991, Title Ⅱ)을 제정하여 차별위원회(Glass

Ceiling Commission)를 구성하고 이 위원회로 하여금 각 행정기관
에 여성에 대한 승진 과정에서의 차별이 없도록 개선책을 강구하고
있다. 이러한 노력의 결과 행정부에서의 여성공무원은 평등고용위
원회의 노력에 힘입어 고급관리자단 내에서도 1990년에 11%, 1996
년 현재 19.5%의 여성 점유율을 보이고 있다.[64] 이러한 여성 지위
의 향상은 적극적 조치의 결과로 보고 있다.[65] 그리고 2000년 현재
클린턴행정부 내에서 여성 장관은 매들린 올브라이트 국무장관을
비롯하여 6명이 있다.[66]

4. 일본, 대만 및 기타

가. 일 본

일본은 평성 12년 현재(2000년) 중의원에서 총 의원 수 480명
중 35명으로 7.3%이며, 참의원에서도 총 의원 252명 중 43명으로
17.1%를 차지한다. 일본의 경우 2000년 6월 25일 총선에서 지역

---

64) President's Interagency Council on Women, *America's Commitment:
Federal Programs Benefiting Women and New Initiative as
Follow-Up to The UN Fourth World Conferance on Women*,
(1997.5), p.130.

65) http://www.feminist.org/2000/11/22/, 〈Affirmative Action: Expanding
Employment Opportunities for Women〉

66) 미국에서 1933년 루스벨트 대통령이 노동부장관을 여성으로 임명한
이래 지난 63년 동안 미국에서 배출된 여성각료는 총 21명이며 이
는 전체 486명의 각료 중 4.3%인 것으로 나타났다.
〈http://www.joins.corn/news/2000/04/07/〉.

구의 경우 소선거구의 방식에 의하여 300석을 선출하고, 비례대표
제의 경우 지난번 중의원 선거 때보다 20석이 줄어든 180석으로
총 480명의 의원을 선출하였다.[67] 2000년의 중의원 선거에서 당
선된 정당별 중의원 여성 수는 자유민주당 8명(지역구 4명, 비례
대표 4명) 민주당·무소속 클럽 6명(지역구 3명, 비례대표 3명),
공명당 3명(비례대표 3명), 자유당 1명(비례대표 1명), 일본공산
당 4명(비례대표 4명), 사회민주당·시민연합 10명(지역구 3명,
비례대표 7명), 21세기 클럽 1명(지역구 1명), 보수당 1명(지역구
1명), 무소속 1명(지역구 1명)이다. 2000년 10월 25일 현재 보궐
선거에서 무소속의 여성이 지역구에서 1명 더 당선되어 여성의원
은 36명(7.5%)인데, 이 중 지역구에서 당선된 여성의원이 14명,
비례대표제에 의해 당선된 여성의원이 22명으로 비례대표제에 의
해 당선된 여성이 더 많은 것으로 나타났다. 결국 일본의 여성의
원 수의 증가는 1994년도 선거제도의 개선과 함께 비례대표제를
도입하고, 정당들도 여성 대표성이 정당 지지도에 미치는 영향을
고려하여 여성을 비례대표제에 많이 할당한 결과라고 볼 수 있다.
사회민주당의 경우 특별히 여성 파워가 강하게 나타나는데 당수
를 비롯해 중의원 중 여성 비율은 52.6%이다. 지방의회에서는
1999년 12월 현재 도도부현 의회에서 총 인원 2,898명 중 158명으
로 5.5%를 나타낸다. 행정관리직에서의 여성 비율은 9.3%이며,

---

67) 일본의 여성의회의원 1996년 10월 25일 선거에서는 500명 중 23명
(4.37%)이었다. 이때 이 선거에 출마한 여성후보는 153명이었다.
그리고 1992년 선거에서는 여성의원은 12명 당선되었으며 이 중 지
역구는 1명뿐이었다.

각종 위원회의 여성 참여 비율이 1999년 3월에 18.6%인 상태에서 2000년까지 20% 참여를 목표로 하였다.[68] 이러한 목표는 2000년 3월 31일 현재 성·청 심의회 등에 여성위원이 참여하고 있는 심의회 비율은 94.5%이고 전체 심의회 위원 4,201명 중 857명으로 20.4%를 차지함으로써 2000년 말까지의 목표를 이미 달성한 상태이다.

일본이 여성의 정책결정직 참여 증진을 위해 특별 조치를 취한 바는 없으나 1999년 6월 남녀공동참여사회기본법 제정을 통해 국가 및 지방자치단체들이 남녀공동참여사회의 형성을 위하여 기본 계획을 수립하고, 그 구체적인 시책과 이행 결과에 대해 매년 국회에 결과를 제출하도록 하고 있다. 즉 매년 여성의 정치 및 정책 결정직에의 참여 상황을 총리부가 매년 점검하고, 이행 계획을 수립하고 있다. 이러한 조치가 일본 여성이 정책결정직으로의 참여를 촉진하도록 하고 있다.

나. 대만 및 기타

대만은 2000년 총통 선거에서 50여 년 만에 정권 교체를 이루어 내면서 여성의 정치권력 수준까지 바꾸어 놓았다는 평가를 받고 있다.

이는 민진당이 총통 선거 공약으로 '25% 여성할당제'를 내세웠으며 당선 후 장관 기용에 있어 공약 사항을 이행하여 25%가 넘

---

68) http://japan2.hanmir.com/2000. 8. 18.

는 여성 장관을 기용하였다. 경찰을 지휘하는 내무부와 건설·교통·통신·정보를 총괄하는 교통부 자리에도 주저 없이 여성을 발탁했다.[69] 또한 대만은 1947년 제정 헌법에서 '각종 선거에 여성의원의 당선 정수를 반드시 법률로 정한다.'(여성 의석 확보제)를 명시하였고, 의회에서 여성의원 비율이 10% 미만이 되어서는 안 된다고 명시하고 있다.[70]

그리고 인도의 경우에도 지방자치단체 의회에 여성 참여 33.3% 할당제를 도입하였다. 가나의 경우에도 정책결정 기구에 여성 참여 40%를 보장하는 적극적 조치안을 채택하였으며, 우간다의 경우 국가 차원에서 적극적 조치 이행을 위해 양성·노동·사회 개발부를 설치하였다.[71]

제2절 한국의 정책결정직 여성 대표성 현황

한국의 정책결정직 여성 대표성을 살펴보기 위해서는 국회의원, 지방의회의원, 정당, 공무원, 각종 위원회 등에서의 참여를 살펴볼 수 있다. 국회의원과 지방의회의원, 정당은 정치 부문으로, 공무원과 각종 위원회는 행정 부문으로 카테고리화하여 설명하고자 한다.

---

69) 조선일보, 2000. 9. 10, 9면.

70) 김선욱, "할당제의 여성 정책적 의미와 도입방안", 「여성연구」 가을호, (서울: 한국여성개발원, 1994), 84-85면.

71) 행정자치부 여성정책담당관실, "유엔 특별총회 참가 및 영국방문 결과보고서", (2000. 7), 8면.

1. 정치 부문 여성 참여

국회의원은 정치체계 내에 참여 활동의 가장 상위에 위치하고 있으며 정책결정에 가장 직접적으로 영향력을 행사할 수 있다. 따라서 여성의원 수는 여성의 정치 참여 수준과 정치적 지위를 가늠하는 일차적인 지표의 역할을 한다.[72] 한국은 15대 국회에 이르기까지 전체 의원 총수는 3,532명인데, 그중에 여성 국회의원은 79명으로 여성의원 비율은 2.2%에 불과하며, 이는 세계 평균 여성의원의 비율은 13.7%[73]임에 비추어 볼 때, 한국의 여성의원 비율은 극히 낮은 편이다.

〈표 1〉 역대 여성 국회의원 비율

단위: 명(%)

국회	총 의원 수	총 여성의원 수	직선 여성의원 수	전국 구여성의원 수
1대(1948)	200	1(0.5%)	1	
2대(1950)	210	2(0.9%)	2	
3대(1954)	203	1(0.5%)	1	
4대(1958)	233	1(1.3%)	3	
5대(1960)	233	1(0.4%)	1	
6대(1963)	175	2(1.1%)	1	1
7대(1967)	175	3(1.7%)	1	2
8대(1971)	204	5(2.5%)	0	5
9대(1973)	219	12(5.5%)	2	10
10대(1978)	231	8(3.5%)	1	7

72) 박혜자, "여성의 정치사회참여와 새 시대의 역할", 「정부와 여성 참여」, 한국행정학회 2000년도 기획세미나, (2000. 3. 7), 45면.

73) IPU, *Man and Women in Politics: Democracy Still in the Making, A world Comparative study*(Geneva: IPU, 1997), p.83.

국회	총 의원 수	총 여성의원 수	직선 여성의원 수	전국 구여성의원 수
11대(1981)	276	9(3.3%)	1	8
12대(1985)	276	8(2.9%)	2	6
13대(1988)	299	6(2.0%)	0	6
14대(1992)	299	8(2.7%)	1	7
15대(1996)	299	10(3.0%)	3	7
16대(2000)	273	16(5.9%)	5	11
합계	3,805	95(2.5%)	25	70

출처: 이범준 외, 「21세기 정치와 여성」, 1998, 74면을 재구성.

또한 15대 국회에 이르기까지 79명의 여성의원 중 59명이 전국구나 통일주체국민회의 국회의원이고 직접 선출에 의한 지역구의원은 20명으로 전체 의원의 0.6%에 불과하다. 여성의원 비율이 1948년 0.5%에서 15대에 이르는 동안 3.0%로 증가하였지만 이것은 사실상 전국구 진출에 힘입은 것으로 지역구의원의 비율은 높은 변화가 없다. 한 연구에 의하면, 지역구 출신이 전국구 의원에 비해 정치적 활동 기간도 길고 활동의 폭도 넓은 것으로 밝혀져 비례대표에 의한 의원 활동의 한계를 짐작케 해준다.[74] 그럼에도 불구하고 여성의원의 전국구 의존도가 높은 것은 한국 여성의 국회 진출이 여성들의 총체적 노력에 의해서라기보다는 여성 표를 의식한 정당의 필요와 여성 개개인의 능력과 배경을 중심으로 이루어져 일반 여성의 정치의식 고양으로 연결되지 못하고 있음을 시사한다.

2000년 현재 국회에서 2000년 4월 13일 실시된 16대 총선 결과 273명의 국회의원 중 여성 국회의원 수는 16명(5.9%)으로 지역구

---

74) 송은희, "한국의회의 어제와 오늘, 그리고 여성: 여성의 역대 의회 진출 현황", 「한국 정치학회보」 제30집 3호(1996, 가을), 74-75면.

5명, 비례대표 전국구 11명이다.

이는 15대 총선 당시 3.1%에 비하면 거의 두 배이며, 지역구에서 재선을 한 여성의원도 2명이 포함되어 있고, 13대, 14대 총선에서 지역구 후보의 전원 탈락에 비하면 매우 값진 성과로 보인다. 그리고 유권자들의 여성 정치인에 대한 인식과 여성들의 선거 출마에 대한 태도도 변화의 조짐을 보이고 있다. 보는 사람에 따라서는 16대 총선은 여성의 정치 참여에 새로운 바람을 예고하는 계기로 인식되고 있다.[75] 이는 2000년 2월 정당법 개정을 통해 비례대표제에 여성후보 할당 30%를 도입하고[76] 과거에 비해 여성들의 요구를 반영하여 지역구에 여성들을 비교적 많이 공천한 데서 비롯된 결과로 볼 수 있다.

다음으로는 지방의회를 살펴본다. 지방자치제의 실시로 특수 이익 및 지역적 이슈들에 대한 관심을 집중하게 되는 계기가 되었으며 이는 중앙집권적인 권력 구조에 익숙해져 왔던 일반 국민들도 일상생활 속에서 부딪치는 이해를 정치 과정에 투입하려는 정치 양태의 발전을 가져왔다는[77] 이해를 같이하면서, 지방자치선거

---

75) 백영옥, "4·13총선 평가 - 여성후보를 중심으로", 「제16대 총선과 여성」, 한국여성정치문화연구소, 여성정치포럼, 2000년 4월 28일, 5-6면.

76) 정당법에 비례대표 후보자 30% 규정에도 불구하고 4.13총선에서 이 규정을 지킨 정당은 새천년민주당 한 개 정당이었다. 즉 새천년민주당은 43명의 후보 중 여성후보를 14명(32.6%) 공천하였고, 한나라당은 46명의 전체 후보자 중 여성후보 11명(23.9%)을 공천하였으며, 자민련은 33명의 후보 중 여성후보 6명(19.4%)을 공천하였다.

77) 신명순, "한국에서의 시민사회 형성과 민주화 과정에서의 역할", 「국가, 시민사회, 정치민주화」(서울: 한울아카데미, 1995), 68-93면.

는 선거 전부터 여성의 정치 참여 증진을 위한 새로운 계기가 될
것으로 예측되었으며, 여성 단체들에 의해 정치참여운동이 가시화
되는 출발점이 되었다. 그것은 여성 정치 참여의 이론적 당위성에
도 불구하고 현실적으로 실천되지 못하고 있는 상황에서 지방자
치는 총선이나 대선에 비해 생활 정치를 내세우는 여성에게 비교
적 유리하리라고 생각했기 때문이다. 또한 지방선거의 경우 정치
적 경험이 적은 여성들의 진출이 비교적 용이할 뿐 아니라 선거
비용이나 선거운동 면에서도 비교적 불리함이 덜하다는 실제적인
이유에도 기인하고 있다.[78]

〈표 2〉 지방의회 여성의원 참여 현황

단위: 명(%)

시행년도	입후보자		당선자	
	총계	여성 수	총계	여성 수(%)
1991 시·도 의회의원(광역의회)	2,885	63(2.2)	858	8(0.9%)
1991 구·시·군 의회의원(기초의회)	10,159	123(1.2%)	4,303	40(0.9%)
1995 시·도 의회의원(광역의회)	2,644	123(4.7)	972	56(5.8%)
1995 구·시·군 의회의원(기초의회)	11,970	206(1.7%)	4,541	72(1.6%)
1998 시·도 의회의원(광역의회)	1,751	91(5.2%)	764	41(5.4%)
1998 구·시·군 의회의원(기초의회)	7,754	140(1.8%)	3,489	56(1.6%)

자료: 이기옥, "지방정부의 리더십과 여성문제의 상관관계", 「정부와 여성 참여」,
　　 2000. 3. 7, 한국행정학회 2000년도 기획세미나, 211-213면에서 재구성.

---

78) 손봉숙, "지방자치와 여성의 정치 참여", 「21세기 정치와 여성」(서
　　 울: 나남, 1998), 88-89면.

1991년 실시된 지방선거에서 여성의원의 점유율은 광역의회와 기초의회 모두 0.9%로 나타났다. 이후 1995년 지방선거에서는 광역의회 5.8%(지역구 13명, 비례대표제 43명), 기초의회 1.6%(비례대표 없음), 1998년 지방선거에서는 광역의회 5.4%[79](지역구 14명, 비례대표 27명), 기초의회 1.6%(비례대표 없음)로 나타난다. 여기에서 광역의회의 경우 여성 점유율이 1991년에 비해 1995년, 1998년 선거에서 높게 나타나는데 이는 1995년 광역의회에서의 비례대표제가 채택된 데 크게 영향을 받은 데 기인한다.

또한 정당 차원에서 살펴보면 정당은 민주정치의 지도자 배출용 통로이다. 당료로서 훈련 과정이 있어야 현실 정치의 감각을 익힐 수 있고 정치지도자로서의 역량을 갖추게 된다고 볼 수 있다. 현재 여야를 막론하고 당 간부의 절대 다수는 남성이며, 구호로는 여성 참여를 외치면서도 정당의 고위직에 여성을 승진시키지는 않고 있다. 현재 의사결정직인 당무위원회의 여성 평균비율은 6.9%에 머물고 있으며, 지구당 위원장 역시 2.2%(2000년 2월 현재 여성지구당 위원장은 새천년민주당 225명 중 6명, 한나라당 225명 중 5명, 자유 민주연합 170명 중 3명)이다.[80] 지구당 위원

---

79) 한국과의 비교를 위해 미국의 주 의회에서의 여성 참여율을 보면, 미국 50개 주(state) 중 여성의원 비율이 10위 안에 들어있는 10개 주에서 워싱턴(40.8%), 네바다(36.5%), 아리조나(35.6%), 콜로라도 (34.0%), 캔사스(33.3%), 뉴 햄프셔(31.8%), 버몬트(31.7%), 오래곤(30.0%), 코네티컷(29.4%), 메릴랜드(29.3%)이다. 출처: *Center for American Women and Politics*, 1999.

80) 김원홍·김혜영·김은경, 「정당의 여성당직자 확대 방안」(서울: 한국여성개발원, 2000), 57면.

장의 여성 비율이 낮음은 지역구 여성후보자로서 나설 수 있는 기회가 적다는 것을 의미하며, 당무위원회 등의 여성 비율은 여성 후보자 공천 과정에서 여성후보를 공천하는 데 소극적일 수 있으며, 여성의 대표성을 높이고자 하는 각종의 지원정책에서 적극적인 사고의 표출이 어렵게 되는 이유가 된다.

2. 행정 부문 여성 참여

행정 부문에서 부처 장관은 정책의 기본 방향 및 최종 대안의 선택에 중요한 역할을 하는 사람으로 정책에 미치는 영향은 지대하다. 그러나 과거정권으로부터 지금까지 여성업무담당 장관에 임명이 치중된 임명이 많았다. 장관급 이상의 직위에 임명된 여성은 이승만 대통령하에서 임영신(상공부 장관), 김활란(공보처 장관), 박현숙(무임소 장관)이고, 최규하 대통령하에서는 김옥길(문교부 장관)이다. 그리고 전두환 대통령은 김정례(보사부 장관), 노태우 대통령은 조경희(정무 제2장관), 김영정(정무 제2장관), 이계순(정무 제2장관), 김갑현(정무 제2장관), 김영삼 대통령은 권영자(정무 제2장관), 박양실(보사부 장관), 송정숙(보사부 장관), 황산성(환경처 장관), 김숙희(교육부 장관), 김장숙(정무 제2장관), 김윤덕(정무 제2장관), 이연숙(정무 제2장관), 김대중 대통령은 신낙균(문화관광부 장관), 주양자(보건복지부 장관), 윤후정(여성특별위원회 위원장), 김모임(보건복지부 장관), 강기원(여성특별위원회 위원장), 김명자(환경부 장관), 백경남(여성특별위원회 위원장)

을 임명하였다. 2000년 11월 현재 부처 장관 비율은 17개 부처 중 1개의 부처를 여성(59%)이 맡고 있으며, 장관급 인사 84명 중 여성은 2명으로 24%를 나타낸다. 이는 1985년 4.3%, 1990년 4.2%, 1993년 12.5%, 1995년 5.0%에 비교하여 증가 또는 감소의 경향을 나타내는 것은 아니다.[81]

다음은 여성공무원에 대하여 살펴본다. 여성공무원 비율은 1985년의 23.2%이었던 것이 1999년 12월 현재 29.7%로 총 공무원 수는 865,560명이며, 이 중 여성공무원 수는 257,191명이다. 이는 행정부, 입법부, 사법부, 헌법재판소, 중앙선거관리위원회를 모두 포함한 수치이며 부문별 여성공무원 비율은 행정부에서 29.8%, 입법부에서 32.1%, 사법부에서 21.8%, 헌법재판소 30.9%, 중앙선거관리위원회 18.0%를 나타낸다.

⟨표 3⟩ 연도별 여성공무원 비율 증가 추이

단위: 명, %

	1995	1996	1997	1998	1999
전체	903,823	913,104	923,714	888,217	865,650
여성공무원 수	246,468	253,917	256,162	263,853	257,191
여성 비율(%)	27.3	27.8	28.7	29.7	29.7

출처: 대통령 직속 여성특별위원회(1999), 「여성백서」/행정자치부, 「통계연보2000」.

---

81) 한국의 경우는 프랑스가 공직임용후보자 중 여성 비율 3분의 1 원칙을 내건 사회당이 집권을 하면서 26명의 각료 중 8명을 여성각료로 임명한 경우에 비하면 여성 인력을 정책결정직에 다수 참여시키고자 하는 정치적 정향을 드러내는 인사 배치와는 거리가 있다.

74

이 중 행정부 공무원은 정책을 형성·집행하는 경우에 매우 중
요한 역할을 담당한다고 볼 수 있는데, 경력직의 일반직 국가공무
원의 경우 1999년 여성공무원이 전체 비율의 14.4%로서 1990년
9.6%에 비해 상승하였으나 그 증가 속도는 매우 느리다. 1999년
12월 말 현재 5급 이상 행정관리직으로서 경력직의 일반직 여성
공무원 수는 919명으로 남녀 총 인원 28,000의 3.3%이다. 이는
1998년의 3.1%와 비교하면 0.2% 증가한 수치이고,[82] 1989년 12
월 말의 행정부 일반직 1~5급 여성공무원이 전체 인원 20,328명
중 260명으로 1.3%이었던 것에 비하면 크게 증가한 수치이다.[83]
그러나 관리직에서 여성공무원 비율이 5%에도 미치지 못하는 심
각한 남녀 불균형 상태를 드러내고 있는 것이라고 볼 수 있다.

〈표 4〉 행정부 소속 일반직 직급별 여성공무원 현황－국가/지방

단위: 명, %

구 분	계	1급	2급	3급	4급	5급	6급	7급	8급	9급	연구관	연구사	지도관	지도사
전체 인원 (국가/지방)	273,191	66	378	889	6,029	20,638	59,317	84,218	66,814	24,016	1,361	4,037	535	4,893
여성 수	59,397	0	2	14	138	765	4,822	18,082	25,451	8,387	142	786	21	787
여성 비율 (%)	21.7	0.0	0.5	1.6	2.3	3.7	8.1	21.5	38.1	34.9	10.4	19.5	3.9	16.1
국가공무원 전체	85,757	54	315	653	3,653	7,501	19,852	22,301	18,547	9,451	1,020	2,073	71	266
국가직 여성공무원 수	187,434	12	63	236	2,376	13,137	39,465	61,917	48,267	14,565	341	1,964	464	4,627
지방직 여성공무원 수	47,049	0	1	3	61	513	3,320	15,033	20,856	6,023	19	439	11	770

출처: 행정자치부, 「2000 통계연보」, 2000, 154면 재구성.

82) 1988년 12월 말 통계로는 5급 이상(1~5) 행정부 일반직 여성공무
원은 904명으로 남녀 총 인원 28,924명 중 3.1%이었다.
83) 총무처, 「총무처연보」, 1990, 164-165면.

 1999년 현재 일반직 6급 이하 여성공무원은 56,742명으로 일반
직의 6급 이하 공무원 남녀 총 인원 234,365명의 24.2%를 차지하
고 있으며, 주로 8-9급 하위직에 몰려 있다. 이러한 현상을 지방
자치단체를 따로 떼어 한 예를 들면, 인천광역시의 여성공무원 현
황에서 일반직 공무원 1급에서 5급 사이에 1급~3급은 전체 인원
21명 중 한 명도 없고, 4급은 115명 중 1명(0.8%), 5급은 525명
중 25명(4.8%)으로 나타나고 있다.[84] 지방자치단체의 단체장은
한 명도 없고 부단체장으로 2명(0.8%)이 있다.[85]

 이와 같은 낮은 여성 비율은 정부 각 부처의 위원회에 참여하는
여성위원들의 비율에서도 나타난다. 1998년 7월 실시한 각급 기관
의 여성위원 참여 현황 조사 결과에 의하면,[86] 전체 위촉직위원 전
체 인원 중 여성위원은 10.0%이며, 이는 중앙행정기관은 9.4%, 지
방자치단체의 경우 10.4%를 차지한다. 중앙행정기관 1999년 6월 30
일 현재 여성위원이 참여하는 정부 각 중앙행정기관 관리대상위원
회 수는 총 1,161개이며 이 중 여성참여위원회 수는 740개로서 전
체 위원회 수의 63.7%이며, 중앙 부처의 각종 위원회에 여성 참여
비율은 11.0%이며, 당연직은 당연직위원 전체의 1.1%이며, 위촉직
은 위촉직위원 전체의 14.6%이다. 이는 목표비율과 거리가 있는 매
우 낮은 수치이다. 이들 여성위원의 분포를 보면, 여성특별위원회,
청소년보호위원회, 보건복지부, 교육부, 환경부, 노동부 등 몇 개의

---

84) 인천광역시, 인사과 내부 자료, 2000. 6. 30 기준.
85) 부단체장 2인은 광주광역시 정무부지사, 서대문구 부구청장이다.
86) 대통령 직속 여성특별위원회, 「1998. 여성백서」(서울: 대통령 직속
　　여성특별위원회, 1998) 162면.

부처에 편중되어 있고, 비상기획위원회, 국민고충처리위원회, 금융감독위원회, 산림청, 중소기업청, 해양경찰청 등 6개 부처에는 여성위원이 한 명도 없는 것으로 나타났다.[87]

제3절 한국의 정책결정직 여성 대표성 증진 노력

1. 정부 차원에서의 개입

한국정부가 여성차별 상태를 극복하기 위한 노력은 1980년대 들어서 본격화되었다. 여성 인력 정책 발전에 커다란 영향을 미친 것은 '남녀고용평등법'(1987년)의 제정과 세 차례의 개정(1989년, 1995년, 1999년)을 통해서이다. 이의 영향으로 공직에서도 여성 참여 확대를 위한 조치를 취하였다. 1989년 6월에 그동안 남녀 구분 모집 형태가 남아 있던 9급 공채에서도 남녀 구분 모집에 대한 철폐 조치를 취하였으며, 1993년 9월에 당시 내무부는 '여성공무원 인사 운용지침'을 시달하여 여성공무원의 지위 향상을 위해 각급 행정기관은 노력을 기울일 것을 권고하였으며, 1993년 12월 총무처는 '여성공무원 인사 관리지침'을 시달하였다. 이의 기본 방침은 여성공무원 채용·보직·승진·포상·교육훈련 등 인사 운용 전반에 있어서 여성공무원에 대한 불합리한 차별을 금지하도록 하기 위한 것이었다.

---

87) 1999. 6. 30일 기준, 한국여성개발원, 「1999. 여성통계연보」, 368-369면.

그 이후 여성발전기본법[88]이 제정되어 제6조(잠정적 우대조치)에서 "국가 및 지방자치단체는 여성의 참여가 현저히 부진한 분야에 대하여 합리적인 범위 안에서 그 참여를 촉진하기 위하여 관계 법령이 정하는 바에 따라 잠정적인 우대 조치를 취할 수 있다."라고 명시하였으며, 그 이전의 유엔여성차별철폐협약 제4조(차별을 철폐하기 위한 잠정적 우대조치) 제1항에 "남성과 여성 사이의 사실상의 평등을 촉진할 목적으로 당사국이 채택한 잠정적 특별조치[89]는 본 협약에서 정의한 차별로 보지 아니하나, 그 결과 불평등한 또는 별도의 기준이 유지되어서는 아니 된다. 기회와 대우의 평등이라는 목적이 달성되었을 때 이러한 조치는 중지되어야 한다." 그리고 제2항에 "당사국이 모성을 보호할 목적으로 본 협약에 수록된 제 조치를 포함한 특별 조치를 채택하는 것은 차별적인 것으로 보아서는 아니 된다."라고 명시하였으며, 한국은 본 협약에 1984년 12월 27일 비준 가입하였으며 1998년 12월 현재 전 세계 163개국이 가입한 상태이다.

현 정부의 남녀평등의 의지를 나타낸 것은 국정수행과제 100대 과제와 대통령의 지시 사항을 통해서이다. 100대 국정과제 중 여성 부문 사항으로는 2개 사항이 포함되어 있다. 즉 첫째, 남녀평등사회 구축과 실현을 위한 차별적 제도·관행 개선, 둘째, 여성

88) 제정 1995년 12월 30일 법률안 제5136호. 일부 개정 1998년 2월 28일 법률 제5529호(정부조직법).

89) 잠정적 우대 조치(affirmative action)의 취지는 여성이 남성과 같은 대표성을 갖고 참여하기 위해서는 준비의 시간이 걸리므로 정책 자체를 재조직하여 성평등적인 변화에 우호적인 제도를 만들어 나가야 한다는 것에서 출발한다.

의 고용 촉진 및 지위 향상이다.

그리고 현 정부의 남녀평등의지를 대통령의 지시 사항을 통해 살펴보면,[90] 1998년 4월 21일 국무회의 시 "새 정부는 여성차별을 개선하고 여성의 지위 향상과 권익을 보호하는 일에 큰 관심을 갖고 있으며, 여성들이 국가 발전을 위해 적극적으로 참여할 수 있는 길을 만들어 나가야 하며 또한 장관들은 여성 업무를 대통령 직속 여성특별위원회 같은 전담기구에서만 추진한다고 생각하지 말고, 각 부처 업무 중에서 여성 관련 문제를 적극적으로 찾아내어 해결해 주기 바란다. 아울러 여성과 관련한 주요 정책을 수립·집행할 경우에는 반드시 여성특별위원회와 협의하는 절차를 가져 주기 바란다. 특히 여성특별위원회가 부처의 형태가 아니어서 업무 추진에 어려운 경우가 있을 수 있으니, 각 부처는 여성 정책에 특별한 관심을 가지고 협조해 주기 바란다."라고 하였으며, 1998년 5월 12일 여성특별위원회 업무보고 시 대통령 지시 사항으로는 "여성 문제가 모든 국가정책의 영역에서 핵심 문제로 다루어지도록 각 부처에서는 노력하기 바라며, 아울러 국가 발전에 남녀가 동등하게 참여하도록 사회 각 분야에 여성의 대표성을 제고하기 바란다." 그리고 같은 날 다음과 같은 계획 수립을 지시하였다. 정부 내 각종 위원회의 여성 참여를 대폭 확대하여 큰 변화를 가져오기 바란다(여성 특위는 대통령 임기 내에 각종 위원회의 여성위원 참여목표율 30%를 달성할 수 있도록 구체적인 방

---

90) http://n4000-01.mogaha.go.kr:3374/geo/(행정자치부 여성 정책담당 관실 홈페이지Gender Equality), 〈2000. 8. 10〉.

안을 마련하여 시행하고, 각 부처는 필요하면 규정을 바꾸어서라
도 금년 내에 눈에 보이는 진전이 있기를 바란다). 또한 공무원의
채용, 승진 등에 있어 차별을 없애고 여성공무원들이 관리직으로
많이 진출할 수 있는 방안을 마련하기 바란다(행정자치부).

그리고 1999년 4월 12일 여성특별위원회 국정개혁보고회의에서
김대중 대통령은 "우리나라 여성들은 교육 및 의식 수준에 비해
정치 참여가 매우 낙후되어 있다. 여성의 정치적 진출은 여성의
권익 향상을 위해 매우 중요한 일이다. 국회의원 비례대표에 여성
들이 일정 비율 이상으로 할당되도록 노력하고 좋은 후보를 많이
내어서 여성들이 지역구 국회의원으로 다수가 당선될 수 있도록
노력해 주기 바란다." 또한 계획수립 사항으로 "정부의 각종 위원
회에 여성의 참여를 확대하는 문제를 강조한 바 있으나 아직도
미흡한 실정이니 각 부처는 솔선수범하여 여성위원을 많이 참여
시키고 여성특별위원회에서는 각 부처를 독려하여 금년도 목표
(23%)를 달성할 수 있도록 하기 바란다."라고 하였다.

이와 같은 국가의 의지를 천명한 사항에 대하여 어느 정도의
진전이 있었는지를 살펴보면 다음과 같다.

가. 정치 부문

정부 차원에서 여성의 정치 참여 확대를 위한 여건 조성을 위
한 예산을 편성하기는 1999년도부터이다. 1999년도에 3억4천2백만

원의 소요 예산을 편성하고 여성정치인 양성 및 유권자 정치의식 개선 사업으로 여성 정치 참여 확대를 위한 공동사업을 20개 단체 29개 사업을 통해 전개하였으며, 여성 정치 참여 확대 관련 행사를 지원하였다. 또한 비디오 제작, 교육프로그램의 개발, 국민의식 조사, 정치의식 및 투표 행태 조사 등의 정책 연구에도 지원을 하였다. 대통령 직속 여성특별위원회가 정당에 여성정치참여확대 지원 요청 등의 공문 발송을 통해 여성 정치 참여를 독려하고 있으나 추진에 한계가 있음을 토로하고 있다. 그러나 여성의 정치 참여에 대한 문제는 정부기관이 이를 추진하고자 하는 데는 한계가 있으며, 여성의 정치 참여에 대한 정당 조직의 인식이 우선되어야 한다는 점이다.

한국에서 여성의 정치 참여를 촉진하기 위하여 법률 개정을 통해 법제화하기는 2000년 2월 8일에 이루어진 정당법 개정을 들 수 있다. 이는 여성들의 오랫동안의 요구에 의해 이루어진 것으로 제31조 제4항을 신설한 것이다. 제31조 제4항에서 "정당은 비례대표 전국선거구 국회의원 선거후보자와 비례대표 선거구 시·도의회의원후보자 중 100분의 30 이상을 여성으로 추천하여야 한다." 고 규정하였다.

이는 2000년 4월 13일에 이루어지는 국회의원 선거에 적용되는 법률사항이었다. 이에 각 정당은 비례대표 전국구 후보자를 선정함에 있어서 이를 고려해야 함은 당연한 일이었다. 그러나 이 법률 조항을 지킨 정당은 새천년민주당뿐이었다.

새천년민주당의 경우는 46명의 전국구 후보자 명단에서 14명

(30.4%)을 여성으로 추천하였으며 2번(최영희), 5번(한명숙), 8번(이미경), 11번(허운나), 14번(김방림), 20번(김화중), 23번(조배숙), 26번(안상현), 29번(송화섭), 32번(박금자), 35번(안희옥), 37번(안순덕), 39번(김영주), 42번(유승희)이었고, 당선자는 19번까지의 순위 안에서 5명(26.3%)이다.

한나라당의 경우, 전국구 후보자 명단 46명을 발표하면서 여성은 11명(23.9%)을 선정하여 비례대표 순번 3번(이연숙), 9번(전재희), 13번(김정숙), 19번(임진출), 21번(손희정), 22번(김영선), 31번(김경환), 35번(최경희), 38번(박윤옥), 43번(정은숙), 46번(안성화)였다. 이 중 당선자는 21번까지에서 5명(23.8%)이었다.

자민련은 전국구 후보 31명을 선정하면서 여성후보 6명(19.4%)을 추천하였으며 순번은 8번(황산성), 12번(이미영), 16번(김창희), 18번(김종희), 29번(김용남), 31번(금종례)이었고, 이 중 5번까지의 순번 안에서 당선된 사람은 없었다. 여기에서 문제점은 정당법 신설 조항에 대하여 정당이 이를 준수하지 않았다는 데에 문제가 있다. 정당은 정권 창출의 목적으로 정치 활동을 하며 대표를 선정하여 법률 제정 권한을 가진 의회의원을 배출하는 당사자들임에도 법률을 지키지 않았다. 이러한 문제를 해결하기 위해서는 정당에 대한 국민의 신랄한 비판의식과 함께 이를 투표로서 평가를 하여야 함과 동시에 명문규정으로 정당이 불이익을 감수하도록 만들어 나가야 한다. 또한 비례대표 전국구 후보자의 순위 결정에 있어서도 당권에서 벗어나 뒤의 순번에 여성을 안배하는 등의 본래 의도에서 벗어나게 운용되는 폐단을 없애기 위해서도 정당법은 개정이 이루어져야 할 것이다.

나. 행정 부문

1995년 제정된 여성발전기본법 제16조는 '국가 및 지방자치단체는 공무원의 채용·보직 관리·승진·포상·교육훈련 등의 합리적 운영으로 여성의 공직 참여 확대를 위한 여건을 조성하여야 한다.'라고 명시하였으며 동법의 제6조는 '국가 및 지방자치단체는 남녀평등의 촉진, 여성의 참여가 현저히 부진한 분야에 대하여 합리적인 범위 안에서 그 참여를 촉진하기 위하여 관계법령이 정하는 바에 따라 잠정적인 우대 조치를 취할 수 있다.'고 하였다. 이에 대하여 시행령에서는 시행령 제3조에서 여성특별위원회는 법 제6조의 규정에 의한 잠정적 우대 조치의 도입을 위하여 여성의 참여가 현저히 부진한 분야에 관한 조사를 실시하고, 그 결과를 대통령에게 보고하여야 한다(1998. 2. 28)고 함으로써 공직에서 여성의 대표성 증진은 중요한 정책의 범위 안에 속해 있다. 공직에서의 참여를 국가정책으로 인식한 것은 1995년 10월 세계화추진위원회의 여성의 사회 참여 10대 과제 선정에서부터이다. 이때 정부는 세계화 과정에서 여성 인력이 국가 발전에 같이 동참함으로써 국가 경쟁력을 가져올 수 있다고 인식하였다.[91] 또한 여성의 지위와 역할이 세계적 수준에 보조를 맞추기 위해서는 여성공무원의 상위직 진출을 위한 목표율을 설정할 것 등을 촉구하고

---

91) 정무장관(제2실), 「여성백서」, 1996, 141-142면.

있다.92)

 정부가 추진하는 여성공무원 인력에 관한 정책은 여성특별위원
회와 행정자치부의 공조 아래 추진되고 있으며 그 현황은 다음과
같다. 정치 부분 이외의 공직에 대하여 대통령 직속 여성특별위원
회의 업무추진계획 및 실적보고서를 통해 본 여성의 정책결정 참
여 증진 노력으로 제1차 여성 정책기본계획(1998~2002년)에 나
타난 20대 정책 과제 중의 하나인 '정책 결정 과정에 여성 참여
확대'에 대한 계획 및 실적보고서를 살펴보면 알 수 있다. 1998년
시행 계획은 각종 위원회 여성 참여 확대(정책 결정 과정에 참여
하는 정부 내 각종 위원회에 여성의 비율을 제고: 1998년도 여성
위원 참여목표율 20%/부처별 여성위원 참여 현황 조사: 위촉 시
기에 따른 집중 관리/위원의 위촉자료가 되는 전문 여성 인력 자
료 데이타베이스화)로 나타나 있고.93) 여성위원 참여 현황 조사
및 점검 사업에서 1998년 시행 실적으로는 여성위원 참여 현황
조사(5회) 및 국무회의 보고(1998. 10/ 1998년 현재 여성위원 참
여율(위촉직 기준): 12.4%임), 부처별 특별관리대상위원회 선정
(1998. 6. 30)이다.94)

 1998년 시행 실적으로 여성채용목표제 확대 실시 (1998. 7. 1)95)

---

92) http://www.kwdi.re.kr/〈2000. 10. 25〉.
93) 여성특별위원회, 「제1차 여성 정책기본계획 1998년도 시행 계획」(여
   성특별위원회, 1998. 6), 6면.
94) 여성특별위원회, 「1998년도 시행 실적 및 1999년도 시행 계획-중앙
   행정기관」(여성특별위원회: 1999. 5), 37면.
95) 당초내용: 적용대상시험: 5급 행정직·외무직, 7급 행정직·공안직
   및 외무행정직 공채와 자치단체별 5급·7급 공채, 적용비율;

가 있다. 확대 내용으로는 당초 내용은 적용대상시험에서 5급 행정직·외무직, 7급 행정직·공안직 및 외무행정직 공채와 자치단체별 5급·7급 공채이었던 것을 9급까지 적용직급을 확대한다는 내용이며, 적용 비율에서 1998년 15%, 1999년 18%, 2000년 20%에서 1999년의 당초 18% 목표율을 20%로 높인다는 내용이다. 1999년 시행 계획으로는 국가 및 지방공무원 신규채용 시 여성채용목표비율(20%)을 적용[96]하여 여성공무원을 임용함으로써 공직사회 내 여성 비율을 연차적으로 확대해 나간다고 방향을 설정하고 있다. 1999년 시행 실적으로 기록된 것 중 특이한 사실은 군복무 가산점 부여제도에[97] 대한 헌법재판소 위헌 결정(1999. 12. 23) 사실이다. 이는 여성이 공직에 참여하는 데 매우 중요하게 작용하였던 것이며 이 제도의 폐지로 여성의 공직 참여는 활발해질 것으로 짐작된다.

1998(15%)→1999(18%)→2000(20%), 확대 내용: 9급까지 적용직급 확대, 1999년도 목표비율 상향 조정(당초 18%→20%).

96) 여성채용목표비율은 국가공무원의 경우 공무원임용시험령 제11조의 3, 「여성채용목표제 실시지침」개정 지침(행정자치부 예규 제9호)에 의거하며, 지방공무원의 경우는 지방공무원 임용령 제51조의 2, 「여성채용목표제 도입에 따른 업무처리요령」에 근거한다.

97) 문제가 되는 법률사항은 제대군인 지원에 관한 법률 제8조 제1항 및 제3항, 동법시행령은 제대군인이 국가공무원법과 지방공무원법에 규정된 공무원 중 6급 이하 공무원 및 기능직 공무원의 모든 직급과 국가유공자 등 예우 및 지원에 관한 법률 제30조 제2호에 규정된 취업보호실시기관의 신규채용사원의 모든 직급의 채용시험에서 2년 이상의 복무기간을 마치고 전역한 제대군인의 경우 5%, 2년 미만의 복무기간을 마치고 전역한 제대군인의 경우 3%의 가산점을 부여토록 하고 있다. 이러한 제도가 여성과 신체장애가 있어 병역이 면제된 남성의 평등권과 공무담임권, 직업 선택의 자유를 침해하는 것이 아닌가가 문제된 것이다.

2000년 추진 계획의 내용으로는 "정책 결정 과정에 여성 참여 확대" 계획으로 정부 각종 위원회의 여성위원 참여율을 높이고(현 대통령 임기 내 30% 달성), 여성위원의 능력 제고를 위하여 워크 숍 개최, 교육전문직에의 참여 확대를 위해 여학교 교장·교감 중 1인은 가급적 여교원으로 배치, 여성공무원 채용목표제 확대 실시[98]를 지속적으로 추진하고, 관리직 여성공무원에 대한 관리 강화[99], 정당법 등 관련법에 여성 정치 참여 확대를 위한 내용이 반영되도록 노력하고,[100] 여성정치인 네트워크를 강화한다고 보고하고 있다.[101]

또한, 2000년 행정자치부의 여성공무원 고위직·관리직 육성 방안을[102] 통해 정부의 여성공무원을 육성하고자 하는 정부의 의지

---

98) 목표율 상향 조정: 5급; 20% 유지, 7급; 20%(2000년), 23%(2001 년), 25%(2002년), 9급; 20%(2000년), 25%(2001년), 30%(2002년).

99) 행정자치부는 관리직 여성공무원 육성을 위한 '간부 여성공무원 인 력풀(Pool)'제가 운영된다. 여성공무원들의 명단을 데이터베이스화 한 뒤 2005년까지 5급 이상 여성공무원 비율을 전체의 10%, 지자 체의 6급 이상은 20%까지 확충키로 했다. 5급 이상 여성공무원이 없는 기관은 전체 294개 기관 중 38개 기관(중앙 3개, 지방 35개) 이며 53개(중앙 3개, 지방 35개)기관은 여성과장급이 단 한 명도 없는 것으로 집계됐다. (행정자치부 여성정책담당관실, 2000. 6)

100) 정당법 중 개정 법률안이 통과되어(2000. 2. 8) 비례대표 전국선거 구 국회의원선거후보자와 비례대표 선거구 시·도의회의원선거후 보자 중 100분의 30 이상을 여성으로 추천하여야 한다고 명시함 (정당법 31조 제4항).

101) 여성특별위원회, 「1999년도 시행실적 및 2000년도 시행계획」(여성 특별위원회: 2000. 4), 16면.

102) 행정자치부 기획관리실/여성 정책담당관실, "여성공무원 정책 2000." 4-5면. 〈http://n4000-01.mogaha.go.kr:3374/geo〉〈2000/11/20/〉

를 살펴볼 수 있다.

첫째, 1기관 5급 여성관리직 1인 이상 배치(2000년 중점 추진)이며 세부 실천 항목은 ① 각 기관별로 자체 보유 6급 여성공무원 승진 권고, ② 승진 대상자가 없을 경우 타 기관 또는 상급 기관 희망자 전입, ③ 5급 공채여성합격자 적극유치방안 강구 및 홍보, 둘째는 국·과장급에 여성을 적극 임용하도록 권고한다는 것이며 세부 항목은 ① 1기관 1인 여성 국·과장제 추진, ② 해당기관 현직 3급~5급 중에서 국장 및 과장 승진 임용 권고, ③ 자체 인력이 없을 경우 개방형 직위에 여성 우선 임용 권고(※ 지방자치단체의 경우도 부단체장 적극 임명 권고)이다. 셋째는 5급·6급 승진 확대이며 세부 항목은 ① 연도별 목표율 설정 권고 (2005년까지 여성 확보 비율은 5급 10%, 6급 20%), ② 남성공무원과의 누적된 차별에 대한 보상적 차원의 승진 권고, ③ 평균 승진 소요 연수, 총 근무경력을 감안한 능력 있는 여성공무원의 과감한 승진 인사 등, ④ 인사위원회 여성 참여 촉구, 인사부서 여성 배치 등 잠재적 차별 소지의 예방 및 차단(매년 관리직 여성공무원 현황 기관별 순위 공개 예정) 등이다. 이는 매우 바람직한 방향의 인력 정책으로 평가할 수 있으며 다만 각 기관별 평가에 따른 인센티브 또는 이를 구속할 수 있는 방법의 여부에 정책의 실효성이 보장된다고 볼 때 기관별 순위 공개 정도로는 실천을 적극 권고할 방법이 부족하다는 한계를 가지고 있다고 보인다.

다음은 여성채용목표제에 대하여 좀더 상세히 살펴보면, 여성채용목표제의 근거 법령은 공무원임용시험령 제11조의 3(여성의 합

격) 제1항과 제2항이다〈1995. 12. 22, 본조 신설〉. 제1항에서 "시
험 실시 기관의 장은 여성의 공무원 임용 기회를 확대하기 위하
여 필요하다고 인정하는 경우에는 제11조의 제1항·제3항 및 제4
항의 규정에도 불구하고 한시적으로 여성이 시험 실시 단계별로
선발 예정인원의 일정 비율 이상이 될 수 있도록 선발예정인원을
초과하여 여성을 합격시킬 수 있다", 제2항에서는 "제1항의 규정
에 의하여 선발예정인원을 초과하여 여성을 합격시킬 경우에 그
실시대상시험의 종류, 여성의 신규 임용 목표비율, 합격자 결정
방법 기타 시험이 시행에 관하여 필요한 사항은 시험실시기관의
장이 정한다."라고 규정하였다. 그리고 구체적인 행정 지침은 총
무처(1995. 12. 22)와 행정 자치부의 예규(1999. 4. 21)에 의한 '여
성채용목표제 실시 지침'이다. 이 지침은 공무원 시험령 제111조
의 3의 규정에 의한 여성채용목표제를 구체적으로 실행하기 위하
여 적용될 시험의 종류를 정하고, 시행에 필요한 여성채용목표비
율, 합격자 결정 방법 기타 구체적인 운영 사항을 정하고 있다.

<표 5> 여성공무원 채용목표비율

직급＼년도	2000년	2001년	2002년
5급 이상	20%	20%	20%
6·7급	20%	23%	25%
8·9급	20%	25%	30%

출처: 행정자치부 내부 자료, 2000. 10. 12.

여성채용목표제의 대상이 되는 시험의 종류는 행정고등고시, 외무고등고시, 기술고등고시, 7 · 9급 공개경쟁채용시험, 행정자치부 장관이 실시하는 제한경쟁특별채용시험이다. 다만 교정직렬 · 소년 보호직렬 · 보호관찰직렬은 제외하며, 채용 인원이 10명 이상인 시험단위여야 한다. 시험단위별 여성채용목표인원은 시험실시단계별 합격 인원에 다음의 여성 채용목표비율을 곱한 인원수로 한다. 1996년도부터 시행되었으며 이후 목표비율은 상향 조정되었다. 1996년도는 10%, 1997년도 13%, 1998년도 15%, 1999년도 20%, 2000년도 20%이며 2001년도부터는 직급에 따라 다르게 적용한다. 〈표 5〉는 행정자치부 예규 제17호에서 정한 2002년까지 여성채용 목표인원을 설정한 표이다.

시험 시행 방법은 남 · 여 구분 없이 시험 실시 후 성적순에 의하여 선발예정인원만큼 합격자를 결정한다. 여성합격자가 목표비율 이상인 경우에는 여성채용목표제를 적용하지 않고, 여성합격자가 목표비율 미만인 경우에는 과락을 면하고 하한 성적(5급: 합격선 -3점, 6급 이하: 합격선 -5점) 이상인 여성 중에서 성적순에 의하여 목표미달인원만큼 추가 합격 처리하도록 한다.(추가 합격 선에 동점자가 있는 경우에는 모두 합격 처리한다).

〈표 6〉 연도별 여성채용목표제에 의한 합격자 현황

시험명	1996년도			1997년도			1998년도			1999년도			2000년도		
	합격인원	여성합격자(비율)	1)	합격인원	여성합격자	2)	합격인원	여성합격자	3)	합격인원	여성합격자	4)	합격인원	여성합격자	5)
계	3,288	883 (36.8%)	19	3,073	850 (27.6%)	20	1,511	309 (20.4%)	14	1,293	280 (21.6%)	40			
행정고시	192	19 (9.9%)	2	224	25 (11.2%)	4	182	42 (23.1%)	5	182	31 (17%)	2			
외무고시	41	4 (9.8%)	1	45	9 (20%)	0	30	5 (16.7%)	0	20	6 (30%)	0	30	6 (20%)	-
지방고시	88	1 (1.1%)	0	89	6 (6.7%)	2	43	2 (4.7%)	0	27	4 (14.8)	0			
7급공채	500	41 (8.2%)	16	512	32 (6.2%)	14	160	27 (16.8%)	9	492	30 (6.1%)	18			
9급공채	2,467	818 (33.1%)	-	2,203	778 (35.3%)	-	1,096	233 (21.3%)	-	1,348	272 (20.2%)	20	2,880	1,062 (37%)	43

1), 2), 3), 4), 5)는 채용목표제에 의한 합격자 인원임.
출처: 행정자치부 내부 자료, 2000. 10. 12

그리고 1·2차 시험 모두에 위의 방법을 적용하여 합격자를 결정한다. 여성채용목표제는 1996년 1월 1일부터 2002년 12월 31일까지 시행하되, 기술고등고시, 7·8급 공개경쟁채용시험의 기술직 및 행정자치부 장관이 실시하는 제한경쟁특별시험의 기술직에 대하여는 2000년 1월 1일부터 적용한다고 되어 있다.

1996년도부터 시행된 여성채용목표제에 의한 여성공무원 합격현황은 앞의 표와 같다〈표 6〉. 행정고시에서 1996년도부터 1999년도까지 채용목표제에 의한 합격 인원은 13명이고, 외무고시에서는 1996년도에 1명뿐이었고 그 이후는 자체의 여성 합격비율이 목표비율을 넘어섰다. 지방고시에서는 1997년도에 2명이 있으며, 7급공채에서는 1996년도부터 1999년도까지 57명이 채용목표제에 의해 합격을 하였으며, 9급에서는 1999년도 20명, 2000년 43명이다.

여성채용목표제에 의한 합격인원은 4년간(1996-1999) 총 93명

(행정고시 13명, 외무고시 1명, 7급 57명, 9급 20명)으로 행정고시의 경우 합격인원의 1.6%, 7급 공채의 경우 3.4%가 여성채용목표제의 혜택을 받은 것으로 나타난다. 전체 인원 대비 매우 적은 수이다. 1999년도의 경우에서 보는 바와 같이 목표채용제 적용을 받고도 여성합격인원 비율은 행정고시(5급) 17%, 7급 공채 6.1%, 9급 공채 20.2%의 비율밖에 되지 않는다. 채용 당시부터 30%에도 미치지 못하는 여성 비율은 공직 내의 기형적 인적 구성의 근본이 되는 것임을 알 수 있다. 2002년까지 목표율이 상향 조정되어졌으나 공직 사회에 남녀의 시각이 균등하게 반영되는 정부 활동이 되고 사회구조를 바꾸어 나가는 데 선도적인 역할을 하는 공직 사회가 되도록 여성채용목표비율은 30% 이상 40% 정도의 상향 목표가 필요하다고 본다.

그리고 여성공무원 복지 관련 제도로는 1994년 12월 국가공무원법과 지방공무원법의 개정으로 공무원의 자녀 양육을 위한 육아휴직제와 가족의 질병 간호를 위한 가사휴직제가 도입되었다. 이 제도는 공직 진출 확대 추세에 부응한 여성공무원에 대한 근무 조건 개선책으로 제안되었으나 휴직 기간이 자녀의 연령을 1년 미만으로 규정하여 해당 자녀의 연령 범위를 늘려야 한다는 요구가 많다. 또한 직장보육시설의 확대 설치가 요구되는데 현재 운영되고 있는 중앙 부처 직장보육시설로는 과천정부 제2청사, 대전정부청사 2군데뿐이어서 공무원의 자녀 양육의 어려움을 해결해 주지 못하는 형편이다. 그리고 여성공무원을 위한 지원 정책으로 1999년 12월 31일 공무원법의 개정을 통해 육아 휴직에 대해

휴직을 이유로 불리한 처우를 받지 않도록 함은 물론 휴직 기간
의 5할에 해당하는 기간을 호봉승급기간에 산입하도록 하였다. 이
는 법률 제6,089호에 의한 국가공무원법 개정과 동시에 지방공무
원법 개정(법률 제6,088호)에 의해 이루어진 사항이다.103) 이것도
여성을 위해 바람직한 방향이지만 미흡한 감이 있다. 여성공무원
의 1년간의 육아 휴직은 호봉승급기간에 육아 휴직 전체 기간이
산입되어야 한다.

정부부처 각종 위원회의 여성 참여 비율 확대 노력은 현 대통
령 임기 내 30% 목표율(공약 사항)을 달성하고자 하는 의지로
1998년에 연도별 최소 목표율을 상향 조정하여 2005년까지 30%
를 달성하고자 하는 목표를 2002년으로 앞당겼다. 따라서 목표비
율은 1999년 23%, 2000년 25%, 2001년 28%, 2002년 30%로 정하
였다.

1998년에 시행했던 참여 현황 조사의 결과 전체 위촉직위원은
10.4%이고, 이를 상세히 살펴보면, 1998년 여성위원 참여목표비율
20%를 달성한 기관은 46개 기관 중 5개 기관(청소년보호위원회
25.0%, 보건복지부 20.2%, 노동부 24.5%, 조달청 28.6%, 여성특별
위원회 80.0%)이었다. 지방자치단체의 경우 1998년도 목표율 20%
를 달성한 기관은 16개 기관 중 1개 기관(전라북도 20.0%)이었다.

각 부처 여성위원 참여 목표율 달성 계획에 2002년까지 30%를
설정하였으나 중앙행정기관의 경우 2002년까지 달성 목표율을 일

<hr>

103) http://www.csc.go.kr/journal/2000a/〈2000. 10. 13〉〈중앙인사위원
회 홈페이지〉.

치시켜 설정한 기관은 46개 기관 중 20개 기관에 불과하며 전체
적으로 연도별 목표율이 대통령 지시사항 및 국정 과제 추진 계
획에 따른 정부의 목표율보다 크게 낮았다.

그러나 이후 이러한 목표는 여성발전기본법 제15조 및 동법 시
행령 제27조에 근거한 것으로 대통령 직속 여성특별위원회는
1999년 2월 중앙 부처에 정부운영위원회 운영 지침을 통보하였으
며, 1999년 10월에는 각종 위원회 민간 여성 참여 지침을 지방자
치단체에 시달하였다. 1998년 당시 중앙행정기관과 지방자치단체
가 제시했던 목표는 다음과 같다.

〈표 7〉 정부의 여성위원 참여목표율과 미달 현황(1998년 12월 현재)

구분		위촉직 위원수	연도별 목표율				
			1998	1999	2000	2001	2002
중앙 행정 기관	정부목표	5,236	1,047(20%)	1,204(23%)	1,309(25%)	1,466(28%)	1,571(30%)
	기관목표		600(11%)	845(16%)	1,122(21%)	1,223(23%)	1,329(25%)
	미달		447(9%)	359(7%)	187(4%)	243(5%)	242(5%)
지방 자치 단체	정부목표	10,986	2,197(20%)	2,527(20%)	2,746(25%)	3,076(28%)	3,296(30%)
	기관목표		1,625(15%)	2,220(15%)	2,854(26%)	3,123(28%)	3,315(30%)
	미달		572(5%)	307(3%)	108(초과)	47(초과)	19(초과)

출처: 대통령 직속 여성특별위원회, 「1998 여성백서」.

1999년 6월 30일 현재 중앙 부처의 각종 위원회에 여성 참여
비율은 11.0%이며, 당연직은 당연직위원 전체의 1.1%이며, 위촉
직은 위촉직위원 전체의 14.6%이다. 이는 목표비율과 거리가 있
는 매우 낮은 수치로 정부 내에서 여성이 정책결정직위인 고위직
에 여성 비율이 너무 낮기 때문에 당연직에서는 1.1%라는 세계

어느 나라에서도 유례가 없을 정도의 수치가 나타나게 된다. 정부
는 여성이 위원회 위원으로 정책결정에 영향을 미칠 수 있도록
제도적으로 구속력을 가질 수 있도록 방안 마련이 시급하다.

2. 정당의 인식 및 증진 노력

정당에 의한 여성의 정책결정직 대표성 증진을 위한 공약 사항
을 살펴보면, 15대 총선 당시 신한국당, 국민회의, 민주당, 자민련
을 살펴볼 수 있다. 대표성 증진을 위한 공약은 주로 할당제에 치
중하게 되는데, 신한국당은 '국회, 지방의회 비례대표에 여성 공천
확대', '5·7급 행정직 등 공채 시 여성채용목표제 실시', '여성공
무원 승진 할당제' 등이었다. 국민회의는 '각종 선거 비례대표 배
분에서 여성에게 25% 할당', '공무원, 공기업 및 공공부문에 여성
고용할당제 도입', '공공 부문 승진, 업무 배치 교육에서 여성할당
제 도입이다. 민주당은 '여성공무원 할당제(5, 7급 공무원 2000년
까지 20%)'였다. 자민련은 이와 관련한 공약 사항은 없었다.[104]
이러한 정책 공약은 구체적인 실천 방안과 재원 확보 방안이 제
시되지 않아 구호성 공약이 될 수도 있다는 우려를 낳고 있으나
여성계의 요구를 반영하고 조직화하였다는 것에서 의의를 갖는다.
16대 총선에서는[105] 여성의 사회적 권한의 확대 차원에서 각

---

104) 백영옥, "여성과 정당 그리고 선거" 이범준 외(편), 「21세기 정치
　　와 여성」(서울: 나남, 1998), 174-175면.
105) 한국정책학회, 「16대 총선 정당별 정책공약 분석집」, 2000. 4, 300-311면.

정당이 내건 공약 사항을 살펴보면, 한나라당의 경우, 여성 권익 향상을 위한 국가기구 강화 및 지방자치단체에 여성전담부서 설치(광역 및 기초자치단체에 여성국 신설), 여성의 정치 참여 확대(선출직과 비례대표직의 30% 여성할당제, 여성 의석 수 또는 여성 출마자의 득표율에 따른 국가 지원 배분), 정책결정직에 여성 시각 반영(공무원 보직 배치, 승진, 교육훈련 시에 여성공무원 20% 할당, 5급 이상 여성공무원 비율 20%, 개방형 공직자 임용 시 여성 비율 확보, 여성전문가 데이터베이스화, 정부 각 위원회에 여성위원 30% 강제 규정 신설), 교육행정직 및 전문직에 여성 비율 확대 등이다.

새천년민주당은 여성부 신설, 중앙 부처의 차관급 및 지방자치단체의 부단체장에 여성 임용 확대, 중앙 부처와 지방자치단체 5급과 6급 승진 시 여성 비율 20% 확대, 여교장 및 여교감 승진 목표제, 여성과학자 육성을 위한 행정적, 재정적 지원 확대 등이다.

자유민주연합은 국회의원 비례대표 30% 이상 여성 공천, 지역구 중 당선 가능한 지역에 다수의 여성후보 공천, 정당 고위직에 여성당직자 30% 이상 임명, 정부의 각종 위원회의 여성위원 및 국공립대 여교수 비율 30% 확보, 공무원 및 정부투자기관 등에 고용 및 승진 목표제 도입, 여성정치지도자 발굴을 위해 정당의 국고보조금 중 일정 비율을 후보자 교육에 지원, 여성정치후보생 육성을 위한 인력 풀시스템 개발을 제시하였다.

민주국민당은 선출직에 여성 30% 추진, 비례대표직에 30% 여성할당제, 개방형 공직에 여성할당제, 승진할당제, 여성정치지도자 적극 육성, 공무원의 여성승진할당제 실시, 정부 내 각종 위원회에 여성위원 30% 목표 등을 제시하였다. 희망의한국신당도 정부 및 공공기관의 여성 비율 30% 유지, 정부 및 공공기관 여성 승진 30% 적용을 제시하였으며, 민주노동당도 정부기관 및 공기업에서 고용, 승진, 각종 직업훈련에서 여성 30% 이상 할당제, 사기업의 고용, 승진, 각종 직업훈련에서 30% 할당제를 실시할 경우 세제 혜택, 규제 완화, 투자비 대출을 제시하였다. 청년진보당도 국가 및 지방자치단체, 공사 기업에서 30% 이상의 여성 고용 및 승진 할당제를 제시하였다. 이와 같은 정당의 공약 사항을 종합하여 살펴보면, 모든 정당들이 여성의 사회적 권한을 향상하고 정책결정에서 여성의 시각을 반영하기 위하여 비율은 조금씩 차이가 있지만 여성할당제를 제시하고 있다. 여성의 정치 참여 확대를 위한 할당제는 한나라당, 자민련, 민국당이 지지하고 있고, 새천년민주당, 희망의 한국신당, 민주노동당, 청년진보당 등은 공약을 하지 않았다. 고급 공무원에 대한 여성할당제는 모든 정당들이 제시하고 있고, 새천년민주당의 경우는 여성과학자 육성 및 여교장, 여교감 승진 목표제를 명시하고 있다는 점이 다른 당과 다르다. 한나라당과 새천년민주당은 여성 정책을 전문적으로 다룰 기관 신설을 공약하고 있는데 한나라당은 광역 및 기초자치단체에 여성국의 신설을, 새천년민주당의 경우는 여성부의 신설을 공약하고 있다. 이러한 공약 사항에서 4·13총선을 치르면서 비례대표 여성 후보 할당 30%를 공약으로 내세웠던 여러 정당들은 이러한 사항을 공약으로 내걸지 않았던 새천년민주당보다도 공약 사항을 이행하지 않은 결과를 보게 된다. 새천년민주당의 경우는 집권 정당으로서 공약 사항을 신중하게 제시한 느낌을 가지게 되며, 다른 정당들의 공약 사항은 여성의 사회적 권한을 강화하기 위해 정치 및 정책결정직위의 30% 이상이 여성에게 돌아가는 할당제를 실시해야 한다는 공감대를 가지고 있다는 것을 알 수 있다. 그러나 실천 사항은 미미하다. 여당의 공약은 여성특별위원회와 행정자치부를 통해 실천 의지가 행동으로 나타날 수 있으나 야당의 경우는 총선용의 공약에 지나지 않는다. 정당들은 여성정치아카데미를 운영하는 등의 여성국 차원의 사업 또는 프로그램 운영은 일부 운영되기는 하나 적극적으로 정당의 의지를 구현하고자 하는 대정부 활동이나 내부적 노력이 드러나지 않고 있다. 여성당직자 및 여성당원의 힘이 정당의 고위 정책결정자에게 영향을 미칠 수 있도록 힘의 결집이 필요하다.

제4장 한국여성의 정책결정직 여성 대표성이 저조한 원인

앞에서 정책결정직 여성 대표성에 관한 국제적인 동향과 한국의 현황 및 한국의 대표성 증진 노력 등이 어떠하였는지를 살펴보았다. 국제적으로 여성의 사회적 권한이 강화되고 남녀의 불평등적인 사회구조를 변화시키고자 하는 노력은 가일층 계속되고 있다. 한국보다 이 문제에 노력을 기울여 온 외국의 경우와 비교하여 한국에서 여성 대표성이 낮은 원인은 무엇인가를 분석하고 이를 해결하기 위한 방안을 찾아내야 할 필요성을 느낀다. 따라서 한국여성이 정책결정직에서 대표성이 낮은 원인을 살펴본다.

제1절 법·제도적 측면

1. 여성 친화적인 법적·제도적 지원 장치의 미비

한국은 같은 유교 문화권에 있는 일본 및 대만[106]에 비해서도 한국여성의 정치 및 정책결정직에의 참여는 열악하다. 따라서 유교 문화에 내재되어 있는 사고나 관념은 차치하고 그것을 극복하

---

106) 대만은 1947년 제정헌법 제134조에 '각종 선거에 여성의원의 당선 정수를 반드시 법률로 정한다.'라고 명시하였다. 이는 의회에서 여성의원이 10% 미만이 되어서는 안 된다는 규정이다.

100

기 위한 외부적 장치를 마련하지 못하였음에 그 원인이 있었음을
발견할 수 있다. 여성의 정치 참여 비율을 높이는 주요 변수는 여
성 정치 참여 증진 정책이다.

　1986년부터 1990년대 초까지 여성 수상 브룬트란드가 다스린
노르웨이는 여성이 내각의 47%, 의회의 38%, 지방의회의 32-4
0%, 정부위원회의 30%와 시의회위원회의 32%를 차지하고 있었
다. 이와 같이 정치 및 행정 부문에서 여성 참여가 높은 이유는
1974년 자유당에서 처음 할당제를 도입한 이후 주요 정당이 실시
하고 있는 할당제와 정부 부문에서의 할당제 그리고 개방적이고
참여적인 선거 제도와 정당 제도를 들 수 있다.

　영국도 여성의 정치 참여 증진을 위한 할당제를 실시하고 있다.
노동당은 1981년 여성노동자연맹이 노동당에 결합한 이후 전국
집행위원회의 5석을 여성에게 할당해 오다가 1989년 총회에서는
의회 내 노동당 의석의 50% 여성 할당을 목표로 하는 할당제 실
시 원칙에 합의하였다. 나아가 집행위원회, 중앙당 및 지부의 임
원과 대표단의 40%를 여성에게 할당하는 할당제 프로그램에 합
의하였다.[107] 또한 노동당은 1993년 총회에서는 노동당 의원이
그만두는 자리의 50% 및 모든 당선 가능한 자리의 50%를 여성
이 차지하는 것을 목표로 하는 할당제 실시 원칙에 합의하였다.
자유민주당도 전당대회에서 선출되는 연방집행위원회 및 정책위
원회의 1/3은 반드시 여성이어야 한다고 규정하고 있다.

---

[107] 한국여성개발원, 「여성일정 비율 할당제 도입에 관한 연구」(서울:
　　　한국여성개발원, 1994), 75면.

그러나 우리나라의 경우에는 여성당원이 50%를 넘는 정당에서
도 여성을 위한 정책적 노력은 하지 않는 상황이다. 이는 남성과
여성이 함께 동등한 자격으로 협력·건설하고 창조하는 세계를
만드는 것에 대해서 완전한 공감대가 형성되었다고 볼 수는 없는
상황으로 짐작된다. 한 연구에서 정당의 여성당직자가 현재 10%
이하인 상황에서 여성당직자를 제도적으로 늘여 나가는 문제에
대하여 어느 정도 동의하는지 그에 대한 정도를 물은 결과에서
'매우 동의한다'에 남성당직자 29.9%, 여성당직자 60.5%가 응답하
였고, '다소 동의한다'에 남성당직자 43.3%, 여성당직자 28.1%가
응답을 한 것[108]에서 보듯이 여성이 불평등한 구조에 있는 것에
대하여 기득권을 가진 남성은 적극적으로 해결하고자 하는 의지
는 없는 것으로 나타난다.

한국의 상황은 여성이 남녀평등을 위해 활동하는 것을 직면함
에도 여성을 낮게 평가하는 데 너무 익숙해져 있어 다음 단계를
받아들이기 힘들어한다. 그 결과 기존의 정치권력을 가진 정치인
들은 남성 중심의 정치문화를 지속시키려 하며 각종의 결정 권한
을 갖지 못한 여성은 정치문화 전반에 내재된 여성차별적 환경에
서 벗어나지 못함으로써 정치 및 정책결정 과정에서 제외되고 있
는 것이다.

우리나라의 경우 제도적 보완이 없이 몇몇 여성들을 정치권에 등
용하여 구색을 갖추는 수준에 머물러 왔고, 따라서 지속적인 지도

---

108) 김원홍·김혜영·김은경, 「정당의 여성당직자 확대 방안」(서울:
　　한국여성개발원, 2000), 84-85면.

자의 양성이 부족하였다. 뿐만 아니라 여성정치지도자를 공식적으로 배출할 수 있는 주요 수단인 선거 제도에 있어서 여성의 당선이 불리하게 되어 있는 측면을 지적할 수 있다. 현행 선거법이 규정하는 소선거구제는 여성의 진출을 어렵게 하고 있다.[109] 여성의 정치 참여는 어떤 정치체제를 채택하고 있느냐에 따라 많이 좌우되게 된다. 미국의 경우 연방의회 선거에서는 소선거구 단순선출 방법을 사용하고 있으므로 여성의 의회 진출이 12.1%에 그치고 있으나 지방선거에서는 대선거구 결선 투표제 또는 혼합선거구를 사용하여 더 많은 여성이 지방의회에 참여하고 있다. 유럽의 경우에서도 보면, 다수당체제와 비례대표제를 실시하고 있는데, 이러한 제도하에서 입후보자들의 역할은 미약하다. 이는 유권자가 선거를 할 때 후보자보다는 정당을 중심으로 투표하며 비례대표후보자도 후보자 개인의 지도력보다는 정당의 역할을 중심으로 투표하기 때문이다. 이러한 경우에 여성후보자의 당선율은 높아지고 있는데 이는 여성들이 여러 가지 사회·문화적 요인으로 개발하지 못한 정치력을 정당이 보완해 주기 때문인 것으로 평가된다. 그리고 자신의 선거비용의 문제라든가 지역구를 유지하기 위한 정치자금의 조달의 문제 역시 제도적 개선을 필요로 하는 부분이다. 2000년 2월 8일 정당법 개정을 통해 정당은 비례대표 전국구 후보를 추천함에 있어서 여성 후보를 30% 할당할 것을 명문화하였음에도 주요 정당인 새천년민주당, 한나라당, 자유민주연합 3개 정당 중 새천년민주당만이 이를

---

109) 백영옥, "여성과 정당 그리고 선거", 이범준 외 공저, 「21세기 정치와 여성」(서울: 나남, 1998), 149면.

준수한 것은 법적·제도적 장치에 따르는 권력층의 준법정신과도 관련이 된다. 정치에서의 여성의 대표성은 양성평등에 대해 사회가 얼마나 개입하는가를 나타내는 중요한 척도라고 할 때, 한국은 아직도 갈 길이 멀다.

2. 공직 진출 기회의 제한 및 보직 배치 및 승진 차별

여성공무원은 헌법상, 국가공무원법 등의 법률상 남성공무원과 동등한 지위를 갖고 있다고 할 수 있다. 즉 여성공무원을 차별적으로 규정하고 있는 법은 없다. 그러나 이들 법의 구체적 적용을 위한 하위 규정에서 합리적이지 않은 기준을 여성공무원에게 적용한다든가, 남성공무원과 현실적으로 다른 상황에 있는 여성공무원의 상황이 고려되지 않음으로써 차별적인 결과를 가져오는 경우가 있다. 대부분의 법은 일반적으로 성중립적으로 규정하고 있어 법률상 남녀가 평등하다고 인식되고 있으나 남녀가 각기 다른 생활 조건에서 살고 있는 사회에서는 그 법이 남녀에게 각각 다르게 영향을 미치게 된다. 또한 한국에서 국가공무원법과 지방공무원을 선발하는 경우 남녀분리채용시험에 의해 여성공무원을 10-20%로 제한할 수 있었다. 이러한 공무원 임용 관련 법령이 국가공무원은 1989년에, 지방공무원은 1991년에 각각 개정되었다. 그러나 아직도 남녀공무원의 평등을 저해하는 요인이 많이 있다.

가. 채용과 관련한 장애 요인

여성이 공직에 진출하는 데 있어서 가장 크게 작용하는 장애 요인이 되었던 것으로 '제대군인 지원에 관한 법률'이라 할 수 있다. 동법 제8조 1항 및 3항, 동 시행령은 제대군인이 국가공무원법과 지방공무원법에 규정된 공무원 중 6급 이하 공무원 및 기능직 공무원의 모든 직급과 국가유공자 등 예우에 및 지원에 관한 법률 제30조 제2호에 규정된 취업보호실시기관의 신규채용사원의 모든 직급의 채용시험에서 2년 이상의 복무 기간을 마치고 전역한 제대군인의 경우 만점의 5%, 2년 미만의 복무 기간을 마치고 전역한 제대군인의 경우 만점의 3%의 가산점을 부여토록 하고 있다. 이는 공무원채용시험 7급, 9급을 지원하는 경우 해당된다.

한국은 직업공무원제를 기반으로 하고 있음으로 폐쇄적인 특징을 갖고 있는 상황에서 일반직공무원의 최저 직급인 9급을 제외하고 8급 이상 대부분이 승진에 의하여 임용되고, 승진 임용의 비율은 직급이 높을수록 증가하는 상황이다. 국가공무원의 경우, 6급 이상(5급 제외) 공무원의 96.6%~99.4%가 승진에 의하여 임용되고 있으며, 고등고시를 통하여 매년 신규 채용이 정기적으로 이루어지고 있는 5급에의 신규 임용에서조차도 10명 중 7명은 내부 승진에 의하여 임용되고 있다. 지방공무원의 경우에는 국가공무원보다 내부 승진 임용 비율이 높다.110) 이러한 상황에서 7급

---

110) 하태권, "공공부문 종사자의 생산성 제고 방안 -공직임용체계의 개선을 중심으로-", 임주영 편, 「공공부문 혁신을 위한 연구(Ⅰ)」 (서울: 한국조세연구원, 1998), 274-278면.

및 9급에서 채용상의 불이익을 감수하는 것은 여성이 정책에 영향을 미칠 수 있는 기회를 박탈당하는 일임에 분명하다. 이는 헌법이 보장한 공무담임권, 직업 선택의 자유를 제한하는 사항이라고 볼 수 있다.

이에 대하여 헌법재판소는 1999년 12월 23일 군필자에 대한 가산점제가 위헌이라는 판결을 하였다. 판결문에서 가산점을 받을 수 있는 현역 복무를 하게 되는지 여부는 병역 의무자의 의사와 관계없이 징병 검사의 판정 결과에 따라 정해지는 것이므로 가산점제도는 현역 복무를 할 수 있는 신체 건강한 남성과 심신장애 등으로 병역을 감당할 수 없는 남성을 차별하는 제도일 뿐 아니라 여성의 공무담임권을 저해하는 요인으로도 작용한다고 보았다. 헌법재판소의 입장은 가산점을 주는 것 자체도 위헌이고 가산의 정도도 지나치다고 지적하였다. 미국의 경우 연방공무원 지원 신청의 경우 임용의 대원칙인 '공개경쟁채용'을 위배하지 않기 위해서 무조건 공무원으로 임용하는 것이 아니라 업무수행능력이 있는 제대군인에 대한 특별한 배려를 하는 것이며, 동일한 자격 요건이면 제대군인을 우선 임용, 그리고 감원 대상에서 우선 배제 등의 정책을 채택하고 있다. 임용 우대 대상으로는 복무 관련 상이제대군인(30% 이상 상이자나 10-20% 상이자도 고용 곤란자는 우선 고용지원대상) 및 배우자, 전쟁 및 파병에 참전하고 명예제대한 후 사망한 자의 배우자 등으로 규정하고 있다.[111] 이는 군 복무를 한 사실만으로 공개경쟁채용의 정신을 희석시키고 있는

---

111) 이종정, "미국보훈제도 연수보고", 국가보훈처, 1999. 6.

한국과는 매우 다르다. 한국여성개발원의 연구에서 남녀공무원 모두 여성공무원이 채용되는 데 불리한 것으로 가장 큰 비중은 조사 대상자 남성공무원의 85.4%, 여성공무원의 90.3%가 제대군인 가산점제도라고 응답하였다.112)

위에서 살펴본 바와 같이 한국에서 공직의 남녀 불균형을 초래하게 된 원인은 1960년대 이후로 1999년까지 채용 기준에 적용되었던 제대군인 가산점제는 여성이 공직에의 지원을 결정하는 데에도 커다란 영향을 끼쳤을 뿐만 아니라 선발 과정에서의 차별은 매우 크게 작용하였던 요인이다.

나. 인사 관리상의 차별

인사 관리상에서 여성은 편견으로 인하여 보직 배치, 승진 등에서 차별을 받아 왔으며 이는 여성공무원이 관리직으로의 진출을 어렵게 하여 정책결정에 영향력을 미칠 수 없었던 점으로 나타난다. 이러한 예는 각종의 설문 조사와 면접 결과가 이를 뒷받침하고 있다.

---

112) 김원홍·김은경·김혜영, 「여성공무원 보직 실태와 개성 방안-일반 행정직 6-9급 공무원을 중심으로」, (서울; 한국여성개발원, 1999), 60면. 이 연구는 중앙/지방공무원 6급-9급 남성 309명(41.1%), 여성 442명(58.9%)을 대상으로 한 설문 조사를 기반으로 하였다.

    OOO시에는 200여 명의 여성공무원이 있으나 500여 명이 근무하는 시(본청) 공무원 중 여성은 6명뿐으로 대부분이 일선 지자체(구청, 동사무소)에서 근무하는 형편입니다. 이러한 인사 관행으로 여성들은 주요 보직의 배제로 낮은 근평, 늦은 승진의 불이익을 순서대로 겪어 왔습니다. 이러한 결과로 OOO시의 사무장의 경우 77년 9급 공채 시작 18년 만인 95년 6급으로 진급되어 초임 발령 남자 동기보다는 7년 늦게 6급이 되었습니다. OOO시의 경우에도 70년대에 같이 시작한 남성공무원은 5급인데 여성공무원은 아직 6급도 되지 못한 사례들이 있습니다. 특히 진입에 가장 어려움을 겪고 있는 초임 관리직인 5급 진급 시 심사제 도입 후 주요 보직 배치에서 배제되었던 여성공무원들이 상대적으로 근무 평정 점수가 낮아 견고한 벽 앞에 부딪히고 있습니다.[113]

    또한, 한국여성개발원에서의 연구에서[114] 여성공무원이 가장 차별을 느끼는 분야에 대한 지적에서 응답자 202명 중 '근무 평정 및 승진'(37.6%), '업무분장'(37.1%), '보직순환'(21.8%), '교육 및 훈련의 기회'(3.5%)의 순으로 응답을 하였다. 보직은 승진에 영향을 미치는 요인으로 크게 작용을 한다. 앞의 동일한 연구에서 국가공무원과 지방공무원 각각 보직이 승진에 미치는 영향에 관한 질문[115]에서 국가공무원의 67.2%, 지방공무원의 75.0%가 보직과

---

113) 새정치국민회의 주최 "여성공무원의 인사정책 개선방향", 자료집 사례발표 재인용, 1999. 1. 25, 44-47면.
114) 김원홍·김은경 김혜영, 「여성공무원 보직실태와 개성방안 – 일반 행정직 6-9급 공무원을 중심으로」, (서울: 한국여성개발원, 1999), 137면.
115) 김원홍 외 2인, 앞의 책, 129면. 이는 6급 이하 국가공무원 314명,

승진의 관계는 크다고 응답을 하였다. 일반직 여성공무원 60,120
명 중 국가직 비율은 20.3%(12,224)로 일반직 여성공무원은 대다
수가 지방직 공무원이다.[116] 지방직 여성공무원의 경우 총 인원
280,936명 중 여성은 21.1%인 59,143명이고, 시·도 본청에 근무
하는 여성공무원은 8,304명(14.0%)이고, 나머지는 시·군·구
(55.1%), 읍·면·동(30.8%)에 분포되어 있다.[117] 그러나 여성의
경우는 중앙 부처나 시·도의 상급기관보다는 주로 하급기관에
몰려 있으면서 주로 담당하는 업무가 민원 부서의 창구 업무, 문
서 수발 등의 업무에 집중되어 있는 상황이다. 일반직 6급~9급까
지의 분포가 일반직 여성공무원 전체 인원의 98.0%를 차지하는
상황에서 이는 향후 관리직으로의 승진에 장애 요인으로 작용하
며, 업무에 대한 만족도[118]에 있어서도 낮게 나타나는 이유로 작
용하기도 한다. 한국여성개발원의 연구에서 여성공무원이 가장 많
이 차별을 받고 있는 분야가 무엇인지에 대한 질문에서 가장 많
은 분포를 보이는 것은 국가공무원 남성은 '보직'을 지적하였고,
여성공무원은 '승진'을 지적하였다.[119] 보직과 승진은 서로 떼어

지방공무원 433명이 응답을 한 것임.

116) 행정자치부, 「1998 통계연보」, 168면.
117) 행정자치부 자치 운영과, "1998년 상반기 지방공무원 인사운영통
계", 49면.
118) http://www.csc.go.kr/journal/2000a/ 정책연구과제 2. html(2000. 10.
13), "인사제도에 관한 공무원 여론조사"(중앙인사위원회 용역 연구,
이화여대 사회과학연구소)에서 1,596명의 공무원을 대상으로 한 조
사에서 공직 생활의 중요성을 보수, 승진, 신분 안정 등의 실질적 가
치에 두는 경향을 보이고 있는 것으로 나타나고, 하위직의 경우 실질
적 가치에 만족도는 낮은 것으로 나타나고 있다.

생각할 수 없는 관계에서 남성까지 여성공무원이 보직에서 차별을 받고 있음을 지적한 사실은 매우 큰 시사점을 나타낸다.

승진에 있어서 영향을 미치는 요인은 인간관계 요인과 부처 및 업무 특성의 영향력이 크게 영향을 미치는[120] 공직 사회에서 여성공무원이 남성이 상사인 조직 내에서 인간관계를 돈독히 하기에는 한계를 지니므로 여성공무원의 직무 환경은 남성공무원에 비하여 열악하다고 볼 수 있다. 이화여자대학교의 연구에서 성별 승진 만족도를 비교한 결과 남녀 간에는 매우 크게 차이를 드러내고 있다. 승진 기회에서 남성의 만족도는 평균값[121] 2.47, 여성의 만족도는 2.02로 집단 간의 차이가 크게 나타났다($p<.001$). 승진 속도에 있어서도 남성공무원은 평균값 2.20, 여성공무원은 평균값 1.86이었으며 남녀 간의 인식의 정도는 매우 다른 것으로 나타났다($p<.001$). 또한 성별능력발휘여건 평가에서 '능력 불인정'에 대한 동의 정도는 남성공무원은 평균값 2.75, 여성공무원은 평균값 3.13이다($P<.001$). 평균값이 의미하는 내용을 풀이하면 여성은 능력이 인정되지 않는다고 느끼는 것이고, 남성은 그렇지 않다는

---

119) 김원홍 외 2인, 앞의 책, 142면.

120) 조형 외, 「인사제도에 대한 공무원 여론조사」(이화여자대학교 사회과학 연구소, 중앙인사위원회 용역연구, 미발간, 1999), 77면. 이 연구는 1999년 중앙 부처 공무원 총 인원 1,558명, 성별로는 남성 1,124명(72.1%), 여성 420명(27.0%)을 설문 조사에 기반을 두어 이루어진 연구이다(성별에 무응답 14명이 포함).

121) 조형 외, 앞의 책, 1999, 87면.(평균값은 5점 척도를 이용하여 1점은 매우 불만족, 2점은 불만족, 3점은 보통, 4점은 만족, 5점은 매우 만족으로 표시된다.)

110

응답을 보인다.[122] 또한 같은 연구에서 성별 교육훈련 기회 결여에 대한 인식은 남성은 평균값 2.91이고, 여성은 평균값 3.29로 교육훈련 기회에 대하여서도 여성공무원은 기회가 부족하다는 인식을 남성공무원보다 더 많이 하고 있었다.

여성발전기본법에서 여성의 정책결정 과정에의 참여 확대(제15조)와 공직 참여 확대(제16조)를 위한 국가 및 지방자치단체의 책임에 대하여 세부적인 실천 방안이 마련되지 않고 있는 것으로 이는 93년 12월 구 총무처의 여성공무원 인사 관리지침과 93년 9월 구 내무부의 여성공무원 인사운용지침은 95년 당시에 지적한 것처럼 '남녀 차별 없이 보직하는 것을 원칙으로 함', '능력과 실적에 따라 공정하게 근무평점 및 승진심사' 등 선언적 의미 이외에 일선에서 구체적 실천 방안과 위반 시의 제재 등 가이드라인이 없어 실제적으로 차별 개선에 기여하지 못했다는 평가를 할 수 있다. 정부는 여성이 보다 더 공직에서 봉사할 수 있는 기회를 가지도록 함과 인사 관리의 형평성을 이루는 노력을 적극적으로 해야 한다.

---

122) 조형 외, 앞의 책, 1999, 56면.

제2절 문화적 요인

1. 남성 중심적 정치권력

정치(행정)체제에서 문명인은 "정치(행정) 활동은 그들의 예지와 지식의 한계 내에서 사회 안정의 목표와 변동의 목표를 동시에 실현하고자 추구한다."고 하였다.[123] 따라서 체제 내에 여성의 참여는 한국여성의 지위 향상 및 남녀평등 한 사회를 이루어 나가기 위해서는 필수적이라고 할 수 있다. 그러나 기존의 정치권력은 권력을 소유하는 데 있어서 여성을 배제시켜 왔다. 여성은 기존의 견고한 정치권력에 대항할 힘도 없었고 기존의 정치권력이 여성을 정치적 동반자로 받아들이지 않았다는 것이다.

정치의 영역은 고유한 관행과 자원과 이익을 가지고 있고 사회에 다시 영향을 미친다. 정책의 결과는 법률로 나타나며, 법률은 사회의 지배적인 가치를 반영하여 그것을 명시함으로써 더욱 이를 강화하며 정의와 권위를 분배해 왔다. 예를 들어 프랑스의 나폴레옹 법전은 결혼에 있어서 모든 권리를 남편에게 주는 조항을 포함하고 있는데, 이 조항은 1938년이 되어서야 무효화되었다. 그러나 나폴레옹 시대를 지나면서 그러한 법률은 일반적인 관습을 반영하였다기보다는 현실과 모순되는 신화를 반영했을 뿐이고, 그 결과로 사실상 그러한 법률들은 여성의 지위를 부정적으로 변화시켰다.[124] 여성들은 이론적 권력 체계 속에서는 보호를 받고 있

123) 김운태, 「행정학 원론」(서울: 박영사, 1980), 90면.

지만, 실질적 권력 체계 속에서는 소외되어 있다. 대부분의 민주주의 국가는 문화적 소수 계층을 배제하는 법 조항이나 체계를 갖고 있지 않지만, 실질적인 일상생활에서 이들이 감내하는 권력의 불평등은 심각하다. 오히려 형식적으로나마 보장된 권력의 평등 조항이 이들의 실질적 권력 회복에 더 걸림돌이 될 수 있겠다. 일반성과 보편성 속에서, 또 국가권력의 형식적 보호 속에서, 인간으로서 천부적으로 보장받아야만 하는 소수 계층들의 인권은 묘하게 행방을 감추어 버린다고 볼 수 있다. 특수하고 유별난 사례나 행동은 '정상화 책술'125)에 의해 조련되어 무개성화되며, 책술을 통해서도 동화되지 않는 개인이나 이념은 이단으로 몰려 사회적 처벌을 받게 되었다. 성적 소수 계층을 여성으로 놓을 것인가, 남성으로 놓을 것인가의 판단은 이러한 논의를 수행하는 데 발판을 제공해 준다. 남성과 여성은 정치권력의 소유 및 사용이라는 측면에서 평등한지, 즉 동등한 정치권력을 보유하고 있는가 하는 질문이 제기될 수 있다. 같지 않다면 이는 계서적 차별이 내포되어 있다는 것이며, 어떤 성이 정치권력의 우월한 위치를 점하고 있는가 하는 판단이 내려져야 한다.

역사는 사적인 영역과 공적인 영역이 여성과 남성에게 평등하게 발전되어 오지 않았음을 여실히 보여주고 있다. 이러한 여성의 삶의 영역의 설정과 가정의 범위 등은 실제로는 국가나, 이익집단이나, 노동시장 등 남성들의 세계를 기준으로 남성들에 의하여 정

---

124) 비키렌달, 「여성과 정치」, 김민정 외 옮김(서울: 풀빛, 2000), 189-190면.

125) Michel Foucault, *Discipline & Punishment: The Birth of the Prison*(New York: Vintage Books, 1979), Part 3.

해져 왔다고 할 수 있다.[126] 이렇게 공·사가 구분되고 여성은 가정이 삶의 영역이 됨으로써 사회로부터 소외되고 사회적 권력과 자원으로부터 차단되게 된다. 공·사의 구분은 결국 자녀의 양육과 가사 노동에 대한 책임은 여성이 전담하게 되고, 임금 시장에의 여성의 참여를 어렵게 함으로써 여성의 분리된 영역을 만들게 된다. 이는 여성을 경제적으로 남성에 종속되게 하며, 남성의 사회적 일에 대한 평가와 여성의 가정에서의 일에 대한 평가가 다름으로 해서 여성의 사회적 불평등, 가족 관계의 불평등을 강화하게 되었다.

영역에 대한 구분은 여성과 남성에 대한 적정한 역할에 대한 정형화를 함으로써 여성의 사회적 역할의 선택을 제한하고 공적 영역에의 참여를 어렵게 함으로써 여성에 대한 차별을 가져오게 되었다. 뿐만 아니라 대부분의 여성들이 그들의 에너지를 임신과 분만, 양육에 쏟고 있고 쏟아야 하는 현실에서 여성들은 남성과 동등하게 유급 노동과 공적 업무에 참여하기가 어렵고 실제로 남성과 동일한 기회와 가능성도 주어지고 있지 않다. 예외적으로 출산과 양육을 책임지지 않는 여성들도 집단으로서의 여성과 결부된 평가를 받게 되므로 평등에의 접근은 어렵다.[127] 이러한 이유

---

126) 김선욱, "공·사 영역에 대한 법 여성학적 고찰", 「여성학논집」제 13집, (서울: 이화여자대학교: 1996. 12), 360면.

127) 여성들이 공적 영역에 더욱 많이 자유롭게 참여하는 것도 중요하지만, 기존의 여성의 역할들에 대한 사회적인 가치의 인정도 매우 중요하다. 따라서 법은 여성들의 모성의 역할과 가족의 보살핌의 역할에 대한 사회적 가치를 인정하는 정책들이 가능하게 해 주어야 한다. 이를 통해 여성들은 자기 존중과 자기 확신을 확대할 수

로 정치제도는 여성에게 매력적이지 못할 수도 있다. 이는 정치제도들이 최근까지 배타적으로 남성적이었기 때문이며 아직까지도 남성들이 그들의 지도적 지위를 지배하여 여성이 의기소침해진 점도 있다. 또한 남성 지배는 남성적 방식과 환경을 창출해 내는 경향이 있다. 이러한 경향은 영국의 활동가 애쉬워스(Georgina Ashworth)가 정치의 남성적 문화가 공적 영역에서 기여하기를 바라는 여성에게 가장 주요한 장애로 작용한다고 말하고 있는 것과[128] 일맥상통하고 있으며, 이는 한국여성개발원에서 실시한 설문 조사에서 정치에 대한 무관심을 표명한 413명을 대상으로 그 이유를 물은 결과 전체 응답자의 58.9%가 '정치인에 대한 나쁜 이미지 때문에'라고 응답한 것도[129] 여성이 현재의 남성 중심 정치에 참여하는 데 주저하는 이유가 된다.

안병만은 건국 이후부터 신문민정부가 출범한 직후까지 정부 엘리트를 연구 대상으로 하면서 한국이 정치 제1세대 이후 전문적 기술과 개인적 역량을 가진 자들을 정부의 각 부문에 충원하는 경향이 뚜렷해졌으나 아직도 엘리트의 충성심 내지는 정치적

있으며, 이를 통하여 자기 선택의 폭을 확대하고 자기실현의 영역을 확대할 수 있게 될 것이기 때문이다. 김선욱, "공·사 영역에 대한 법 여성학적 고찰"에서 재인용.

128) http://www.un.org/esa/gopher-data/sec/2000. 4. 12.

129) 원흥·김혜영·김은경, 「16대 총선과 남녀유권자의 정치의식 및 투표행태에 관한 연구」(대통령 직속 여성특별위원회 용역 연구, 2000. 6, 미발간), 65면. 위의 설문 조사에서 정치에 무관심한 이유의 선택 문항은 ① 나와 상관이 없어서(15.5%), ② 정치인에 대한 나쁜 이미지 때문에(58.9%), ③ 정치가 중요하다고 생각지 않아서(2.1%), ④ 생활하는 데 바빠서(23.2%)이다.

신임 등이 지나치게 강조된 나머지 반대파의 정당한 참여의 길이 막히는 경우와 과다 대표화 또는 과소 대표화되는 경향, 정치적 소외 집단이 증가되는 현상을 지적하고 있다. 이는 개발도상국 특유의 병리 현상이라고 설명하고 있다.[130] 이 연구에서 입법부에서는 역대 국회의원을 포함시키고 행정부에서는 장·차관급 고위 관료 및 서울·부산 시장·도지사 등을 포함하며 사법부에서는 대법원 판사 이상을 연구의 대상에 포함하여 개인적 변수로 성별, 연령, 출생지, 학력, 출신교, 해외 유학, 전직, 최초의 재직 연령, 충원 횟수를 분석하고자 하였다. 그러나 그 가운데서 배경 변수로 적합하지 못한 변수를 성별 변수라고 하였다. 그 이유는 연구를 설정한 기간 내에(1948-1993. 4) 정부 엘리트에 포함된 여성의 수가 총 48명에 불과하여 총 조사 대상자가 4,560명이고, 2회 이상 중복 인원을 제외하면 2,995명을 차지하는 숫자에서 지나치게 적은 수를 차지하는 것으로 변수 설명을 제외시킨다고 하였다. 여성의 수가 48명인 것은 2,995명에 비하면 1.6%에 불과하므로 전체 인원을 남녀로 구분할 필요조차 없어졌다는 것이다.[131]

또한 양성철에 의하면 한국은 남권주의, 남권 사회의 뿌리 깊은 전통과 관습이 있으며 이것을 깨는 데는 많은 시간이 걸릴 것으로 지적하고 있다. 그리고 이것은 한국이 꼭 극복해야 할 한국정치에 있어서 인사정책의 후진성, 퇴영성, 편파성, 불공정성의 한 면을 보여주는 것임에 틀림없다고 주장하고 있다.[132] 이승만 정

---

130) 안병만, 「한국정부론」(서울: 다산출판사, 1993), 283면.
131) 위의 책, 233-283면.

권 때 상공부 장관을 지낸 임영신, 공보 처장을 지낸 김활란, 무임소 장관을 지낸 박현숙을 끝으로 장면 정권 때는 여성이 장·차관에 임용되지 않았고 더구나 박정희의 18년 장기 집권 기간에도 여성 장·차관이 한 명도 임명되지 않았다는 것이 두드러진다. 그 뒤를 이은 정권에서도 여성은 계속 '홍일점' 정도로 임용되어 왔다. 김영삼 정부에 들어와 4사람의 여성 장·차관이 등장, 적어도 홍일점이라는 과거의 반여성, 반여권 관행은 깬 셈이다.

한국의 경우에서 남성 중심 정치권력은 1961년 군사 쿠데타가 일어난 이후 30여 년간 지속된 군부 권위주의 정권에서 강화되었고, 이는 여성의 정치 참여, 여성정치지도자의 양성이라는 측면에서 매우 부정적으로 작용했다. 사회 전반에 걸친 군사 문화의 득세로 말미암아 여성들에게는 사회 연결망의 확대가 제한되었고, 이것은 여성들의 사회 및 정계 진출에 불리하게 작용하였다. 안보와 경제 발전이라는 구호에 민주주의가 희생되면서 정책 내용은 대체로 기득 이익의 보호 경향이 강했으며, 정책의 형평성이 낮은 것으로 평가를 할 수 있는 시기로서[133] 여성의 정치 참여라든가 여성정치지도자의 양성은 요원했다.

또한 선거제도를 중심으로 한 정당 운영체제는 다분히 남성 중심적 제도라고 할 수 있다. 정당 조직은 남성 전유물화되어 있으며 소선거구 단순다수대표제는 단순히 최다 득표자 1인만을 당선

---

132) 양성철, 「한국정부론」(서울: 박영사, 1994), 449-450면.

133) 안병영, "정치인과 한국의 정책결정 구조", 「정책 결정구조의 비교: 정·경·관의 역학관계」, 1994년도 한국 행정학회 국제학술대회 논문집, 287면.

시키는 제도로 사회에 만연되어 있는 여성차별적 편견을 제거하
지 않은 상태에서 여성이 정당으로부터 지역구 공천을 받기도 어
려울 뿐만 아니라 최다 득표를 하기는 매우 힘든 상황이다. 또한
정치자금도 여성이 접근하기 어려운 문제 중의 하나이다.

　한국의 헌법은 제8조와 제10조에 평등권과 행복추구권을 국민
의 기본적 인권으로 보장하면서 제32조에는 고용, 임금 및 근로조
건에서의 남녀평등을 규정하고 있다. 적어도 헌법 제8조와 제10조
에 비추어 본다면 한국의 남성과 여성의 인권은 동일하게 헌법의
보호를 받는다. 또 제34조 및 제36조에는 여성의 복지와 권익 향
상, 모성보호를 위한 국가의 책무를 규정하고 있다. 흥미로운 것
은 1987년 12월 4일 제정, 1988년 4월부터 시행한 남녀고용평등법
이다. 형식적인 헌법의 보호가 충분하지 않았다는 판단 아래 남녀
가 평등한 직업 선택 및 임금을 받을 수 있는 기회를 보장한다는
취지에서 제정된 본법은 시행 초기부터 적지 않은 반발을 불러일
으켰지만, 그보다도 이러한 법 자체가 존재한다는 것은 남성과 여
성의 차이성(difference), 즉 남성이 여성보다 우월한 계서적 위치
를 점한다는 사실을 보여주고 있다.[134] 여성의 지위 향상을 위해
서는 남녀고용평등법의 제정에서 보았던 것처럼 남녀 차별을 제
거하고자 하는 적극적 입법화가 있어야 한다. 여성의 대표성을 확
보하는 중요한 요인은 정당, 정부의 정치적 지도부(일반적으로 남
성이어야 한다고 알려진)가 가진 자세이다.[135] 정치 체계가 무의

---

134) 이영애 편, 「성·권력·정치」(서울: 법문사, 1995), 42면.
135) 비키렌달, 「여성과 정치」 김민정 외 옮김, 178면.

사 결정적(non-decision-making) 접근 방법을 취하여 왔던 것에서 벗어나기 위해 인구 비례에 상응하는 대표성을 여성이 가져야 한다는 것은 당연하다. 또한 기존의 남성 중심 정치권력은 여성과 권력을 나누는 일에 적극 나서야 한다. 민주정치의 실험장인 정당 정치에서 정당의 여성당직자를 확대하는 방안에서도 여성당직자를 늘려 나가는 가장 효과적인 방법은 당내 고위 당직자들이 여성당직자를 충원하는 문제에 대한 인식 변화가 우선 있어야 한다는 남녀당직자의 응답이 있다.[136) 현재 한국은 국회의원직에서 여성의원은 5.9%, 행정 부처 담당 여성장관 1명은 남성 중심의 정치권력을 한눈에 볼 수 있는 지표이다. 유엔의 통계에 의하면[137) 1987년 여성장관 비율은 3.4%에서 1996년에는 6.8%로 두 배가 되었고, 15개국 이상이 20%-30%의 장관을 여성으로 임명하고, 의사결정에서 소수자 층이 소외성을 벗어날 수 있는 최소한의 수치인 30%를 넘는 나라도 다수이다. 그러나 한국은 남성 중심의 정치권력이 여성을 동반자로 생각하지 않고 인력의 배치나 임용을 게을리 하거나 각종의 법률을 제정하거나 개정하는 일을 통해 여성이 당면하고 있는 상황적 제약 요인을 제거하려는 노력을 미

---

136) 김원홍·김혜영·김은경,「정당의 여성당직자 확대방안」, (서울: 한국여성개발원, 2000), 84면, 본 보고서에서 응답자 340명의 남녀 당직자는 여성당직자 확대를 위한 가장 필요한 요인으로 당내 주요 당직자들의 인식 변화가 우선되어야 한다(40.9%)는 응답이 가장 많았으며, 다음은 여성 개인의 능력 신장으로 인지도를 높인다(27.1%), 여성 스스로 리더십을 키운다(24.1%), 남녀정당원 및 주요 당직자와의 대인 관계를 넓힌다(6.5%)였다.

137) htt://www.un.org/2000/4/12, 〈Fact Sheet on Women and Decision-making〉

루는 것은 기존의 특권적 정치권력을 지속적으로 유지하려는 의
도로 보아야 할 것이다.

2. 사회화에 따른 여성의 정치적 리더십 부족

여성들은 남성들과 동등하게 교육을 받고 사회에 진출하는 경
우에도 조직 사회에서 리더가 되는 비율은 낮다. 여성의 정치적
리더십은 여성정치인 공급의 측면을 해결할 수 있는 부분이지만
여성의 정치적 리더십은 매우 낮은 것으로 나타난다. 그 어느 분
야에 비해서도 현저하게 여성의 진출이 미약하기 때문에 여성의
정치적 리더십을 가로막고 있는 요인들을 살펴본다.

가. 고정관념의 사회화

여성의 정치 사회화는 여성의 정치의식 태도의 수준을 결정짓
는 기본 전제가 되는 것으로 정치적 사회화는 "내면화된 정치 영
역 속에서 참여와 관련된 성향과 기술에 따라 나타나는 사회 체
계와 개인 사이의 상호 관계"로서 정의된다.[138] 사회적 환경에서
성장한 어린이들은 매스미디어나 교육기관의 교육을 통해 정치
세계와 자연스럽게 연결되는데, 이때 남성은 정치에의 관심이나
참여가 그들의 성역할에 적합한 것으로 받아들이는 반면, 여자들

---

138) C. B. Flannery and N. B. Lynn, *Women and Political Socialization: Considerations of the Impact of Motherhood*(Jaquette, 1974), p.51.

은 그것이 자신의 성역할에 부적합하다는 것을 깨닫게 된다. 이러
한 성역할의 차별적 사회화는 여성을 별도로 사회화시킴으로써
그들을 마침내 사회화의 희생자가 되도록 한다.[139] 성역할 고정
관념은 아마도 가부장제 현상 유지를 가장 효과적으로 유지해 주
는 도구일 것이며, 차별을 폐지하는 데 제일 부수기 힘든 장애물
중 하나로서 사회에서의 여성의 역할과 잠재 능력에 모욕적인 영
향을 행사한 책임이 있는 기존 관념이다. 사회화는 문화를 유지시
키거나 변형시키거나 창조시키는 세 가지 기능을 한다.[140] 사회
는 끊임없이 다음과 같은 가치를 여성들에게 주입시키고 있다. 즉
여성이 남성보다 다소 열등한 것이 자연스럽다는 것, 성공한 여성
은 여성답지 못하고, 궁극적으로는 남성의 사랑을 받지 못할 것이
라는 편견이다. 또한 전통적인 남성과 여성의 역할은 그들 자신이
열등한 존재로 왜곡된 것에도 무감각하게 될 정도로 언어·교
육·대중매체·광고와 예술에 뿌리 깊게 자리잡아 왔으며 미화되
어 왔다.[141] 이는 사회화를 통한 기존 문화의 유지 기능의 한 가
지이다. 따라서 성공한 여성의 가정적 불행은 항상 관심의 초점이
되어 왔다. 성역할 사회화 과정은 사회의 역할 규정과 개인의 역
할 수행 사이의 연결을 이어 주면서 이 연결 과정에서 성역할 정
체감이 형성된다. 따라서 정도의 차이는 있을지라도 개인이 자신

139) J. 볼드리지 저, 「사회학」, 이효재 역 (서울: 경문사, 1979), 103-104면.
140) Richard E. Dawson and Kenneth Prewitt, *Political Socialization* (Boston: Little Brown Co, 1969), pp.29-36.
141) U.N., 「여성: 2000년을 향한 도전」, 장성자 역(서울: 한국여성개발원, 1993), 11면.

의 성을 확인하고 판별하게 되면서 사회적으로 규정된 남성다움
또는 여성다움의 성역할 정체감을 습득하게 된다. 이러한 남녀 간
의 역할 구분은 자연적인 일로 취급되는 동시에 사소하고 중요치
않은 일을 하는 여성의 신분은 상대적으로 남성에 비해 열등한
존재로 규정될 수밖에 없었다. 즉 '남자는 공적이고, 공적인 것은
정치적인 것이고, 따라서 남성은 정치적이고 여자는 사적이고, 사
적인 것은 비정치적인 것이고 따라서 여성은 비정치적이다.'라는
정향 속에서 정치는 남성들에게 적합한 영역이며 여성이 본래 활
동하여야 할 본래의 영역은 가정이지 정치의 세계가 아니라는 인
식을 하고 있는 사람들이 아직도 많으며, 여성들 중에서도 이러한
의식을 가지고 있는 사람들이 상당수가 있다.142)

  심리학자 메가지(Edwin Megargee)는 성격 검사를 통하여 지
배성 점수를 매기는 실험을 한 결과, 지도자를 결정하는 토론 과
정에서 대부분의 경우 지배성 점수가 남성보다 높은 여성들조차
도 남성이 지도자가 되어야 한다고 생각하고 있다.143) 이와 관련
하여 한국여성정책연구원144)에서는 정당의 당직자를 대상으로 한
응답에서 '조직의 장은 남성이어야 한다'라는 내용에 대하여 남성
은 평균값 267,145) 여성은 평균값 3.91로 남성은 조직의 장이 남

142) 신명순, 「한국정치론」, 409면.
143) 전정희, "여성의 정치적 리더십과 성차", 장공자 외 저 「새로운 정
     치학」(서울: 인간사랑, 1998), 105면에서 재인용.
144) 김원홍·김혜영·김은경, 「정당의 여성당직자 확대방안」(서울: 한
     국여성개발원, 2000), 94면.
145) 정당의 당직자 340명을 대상으로 한 조사이며, 각 항목은 5점 척
     도로 조사되어 3점을 기준으로 1점에 가까울수록 성역할 고정관념

122

성이어야 한다는 것에 대하여 '그렇다'는 의사를 표현하고 있고
여성은 강한 부정의 상태에 도달하지 않은 '그렇지 않다'의 온건
한 부정을 보이고 있다. 본인의 조사에서는 정치가 남성의 일이
며, 여성의 일은 아니라는 질문에서 응답자들은 연령과 학력에 따
라 동의 정도를 달리하고 있다.146) 즉 학력에 따라 중졸 이하에
서는 정치의 영역은 남성의 일이며 여성을 배제해 왔던 기존의
정치체제에 대한 이의가 없는 비율이 높게 나타난다는 것이다. 연
령에 있어서는 나이가 많은 50대 이상에서 그러한 사고를 하고
있다. 결국은 고정관념은 현재 시점에서 나이가 많고 교육을 많이
받지 못한 상태의 여성들에게서 더욱 강하게 작동되고 있음을 알
수 있다. 또한 본인의 조사에서 여성들은 아직까지도 전통적인 가
부장적 성역할 고정관념에 대하여 강하게는 부정하지 않는다. 이
는 여성의 역할을 가정 내 가사와 양육의 역할에 일차적 책임이
있다는 역할론이다. 본인이 지역단체 활동을 하는 여성 202명에게

이 강한 것을 나타낸다.
146) '정치는 남성의 일이지 여성의 일이 아니다.'라는 것에 대한 동의
정도(학력별)

단위: 명 (%)

구분	중졸 이하	고졸	대졸이상	전체
매우 동의한다	5(8.6)	1(1.1)	2(5.6)	6(3.2)
대체로 동의한다	16(27.6)	12(12.6)	9(25.0)	30(15.9)
대체로 동의하지 않는다	22(37.9)	44(46.3)	25(69.4)	75(39.7)
전혀 동의하지 않는다	15(25.9)	38(40.0)		78(41.3)
계	58(100.0)	95(100.0)	36(100.0)	189(100.0)

x^2=29.317 df=6 p=.000
* 연령별 차이도 의미 있게 나타남(p=.013).

전통적인 성역할이었다고 할 수 있는 열 개의 문항에 대하여 동
의하는지 또는 부정하는지를 4점 척도를 통하여 분석한 결과 전
체 문항에서 2점을 넘어 주어진 내용(전통적 성역할 분업 기능)
에 대하여 '(대체로) 그렇지 않다'라는 것이다.[147] 이는 기존에
있어 왔던 성역할 분업론에서 벗어나는 의견이기는 하지만 강하
게 부정하지는 않고 있다. 특히, '여성은 집안일이나 자녀 양육에
지장이 없을 정도로 일하는 것이 좋다'는 항목에서는 평균값이 3
점을 넘어(평균값 3.04) 의식의 한계를 보여준다.

문제는 여성과 남성에 대한 차별적 성규정에 의한 성차별주의
가 자연적 현상이 아닌 일종의 문화적 현상이라는 데 있다. 이는
여성의 정치의식화를 더욱 어렵게 하여 여성의 정치 참여는 그

---

147) 동의 정도를 물은 내용은 다음과 같다. 4점 척도로 매우 그렇다 4
점, 대체로 그렇다 3점, 그렇지 않은 편이다 2점, 매우 아니다 1점
을 주어 평균값을 산정한다. 1. 여성과 남성은 같은 일을 하여도
능력 차가 있다(평균값 2.66). 2. 아내는 남편에게 집안일을 맡기고
집을 비운 채 외출할 수 없다(평균값 2.02). 3. 여아는 얌전하게 남
아는 씩씩하게 키운다(평균값 2.32). 4. 평소에 여자가 되어 가지
고, 남자니까라는 말이 어쩔 수 없이 나와 버린다(평균값 2.52). 5.
식사나 손님 접대하는 일은 언제 어디서나 여성의 일이어야 한다
(평균값 2.39). 6. 여성은 집안일이나 자녀 양육에 지장이 없을 정
도로 일하는 것이 좋다(평균값 3.04). 7. 여성이 직장 생활과 가정
의 양립 문제로 고민하면 무리하지 말고 퇴직하라고 권한다(평균
값 2.41). 8. 여아는 디자인이라든가 귀염성, 남아는 기능성이나 단
순성을 기준으로 옷을 고른다(평균값 2.57). 9. 지역 활동이나 봉사
활동은 여성 쪽이 적합하다(평균값 2.46). 10. 남성은 생산 주체로
서 가정경제를 책임져야 한다(평균값 2.29)이다. 이것은 1999년 한
국여성개발원에서 남녀평등의식 검사를 위한 도구로 개발된 것 중
의 일부 문항이다.

자체가 마치 이탈적인 행위인 것처럼 인식되어 억제되어 왔다.[148] 이러한 결과는 여성후보에 대한 성차별로도 나타나는데, 백영옥의 연구[149])에 의하면 1988년 13대 국회의원 선거가 끝난 뒤 여성후 보가 출마하였던 14개 지역 유권자 800명을 대상으로 한 조사에 서 '여성후보와 남성후보가 모든 면에서 똑같고 성별만 다르다면 어떤 후보를 선택하겠는가'라는 질문에 남성응답자의 91.3%, 여성 응답자의 59%가 남성후보를 지지하겠다고 응답하였다. 또한 남성 응답자의 94.1%, 여성응답자의 84.2%가 남성후보의 정치적 능력 이 여성후보보다 더 낮다는 선입관을 가지고 있었다.[150]

또한 많은 여성들은 법 앞에 자신들이 가진 권리에 대해 잘 인 식조차 못하고 있으며, 그 권리를 행사할 수 있는 법적 · 행정적

---

148) 박혜자, "여성의 정치사회 참여와 새 시대의 역할", 「정부와 여성 참여」(한국 행정학회, 2000년도 기획세미나), (2000. 3. 7), 42-43면.
149) 백영옥, "여성유권자에 대한 유권자의 태도", 김정숙 편, 「여성과 정치」(서울: 한국여성정치문화연구소, 1992), 304면.
150) 이러한 성역할 고정관념은 16대 총선을 계기로 이루어진 한국여성 개발원의 조사에서는 많이 완화되었음을 알 수 있다. 여성후보가 나왔던 지역선거구 6개(여성후보 당선 지역 4곳, 낙선 지역 2곳) 지역 조사 1,000명을 대상으로 한 조사에서 여성후보에게 투표하 였다는 응답자 490명의 응답에서 여성후보를 지지한 이유를 '소속 정당을 지지하기 때문에'에 남성 27.1%, 여성 20.6%, '평소부터 지 역구 활동을 열심히 해 왔기 때문에'에 남성 26.1%, 여성 31.6%, '인물이나 정치 경력이 뛰어나서'에 남성 18.8%, 여성 16.9%, '여 성이기 때문에'에 남성 11.5%, 여성 12.1%가 응답을 하여 여성후 보의 적극적 정치 활동에 지지 이유를 나타내고 있다. 김원홍, 김 혜영, 김은경, 「16대 총선과 남녀 유권자의 정치의식 및 투표 행태 에 관한 연구-대통령 직속 여성특별위원회 용역 과제」(2000년. 6 월, 미발간)

절차도 이해하지 못하고 있다는 것이다.[151] 이와 관련하여 16대 총선 직전 개정된 정당법 개정을 통해 전국구 비례대표후보에 여성후보를 30% 할당할 것을 법제화한 사실에 대하여 어느 정도 알고 있는지를 남녀 동시에 물었던 조사에서 정당법 개정 사실에 대한 인지 정도를 비율로 보았을 때 남성은 71.0%, 여성은 44.1% 가 알고 있다고 응답을 하였다.[152] 이때 직업별로는 가정주부가 안다는 비율이 가장 낮았다. 정치에 대하여 여성들이 남성보다 관심이 적다는 일면을 보여주는 것이며, 정보사회에 밀접한 관계를 맺지 못한 주부들이 정보에 어두운 일면을 보여주었다.

따라서 여성정치지도자가 늘어나기 위해서는 교육을 통해 여성의 성공을 경원시하거나 남성은 지도하고 여성은 추종한다는 고식적인 틀을 벗어나도록 이끌어 나가야 한다.

나. 정치적 리더십의 미발달

성취 욕구 차원에서 남성과 여성은 사회화 과정으로부터 다른 욕구를 가지게 된다. 즉 가정이나 학교 또는 매스컴을 통하여 오랜 세월 동안 주입되었던 가치들이 사회적 영역에서 여성을 소극적으로 행동하게 하고, 전통적인 여성의 역할로 인정되었던 분야

---

151) U.N. 엮음, 「여성: 2000년을 향한 도전」, 장성자 옮김, 10-11면.

152) 한국여성개발원에서 대통령 직속 여성특별위원회의 요구에 의하여 총선 실시 직후인 2000년 5월 10일에서 19일까지 남녀투표자 1,000 명에게 조사를 실시하였다. 김원홍·김혜영·김은경, 「16대 총선과 남녀유권자의 정치의식 및 투표 행태에 관한 연구」, (미발간).

에 안주하게 하는 경향이 있다. 즉 여성들이 볼 수 있는 성역할 모델 중에는 정치인이 극도로 적기 때문에 여성들은 새로운 영역에 도전할 가능성이 줄어들게 된다. 마찬가지로 성취 욕구에 있어서 특정한 분야의 직업적 경험을 갖는 것을 방해한다. 정치를 하는 데 필요한 다양한 경험과 기술을 습득할 수 있는 기회가 여성은 남성에 비해서 부족하기 때문에 정치에 입문할 생각을 하지 않는다. 정치적 충원과 관련된 한 연구에 의하면 선거에 출마하려는 의사를 가지고 있는 사람들 중에는 특정한 사회적 배경과 지위를 가진 사람들이 많으며 그들의 사회적 지위는 공직 추구에서 유용한 자원(돈, 인맥 등)이 된다는 것을 보여주고 있다. 우리나라 15대 총선에 출마한 후보의 경력을 보면 정치인이 40%, 기업인이 17%, 관료 9%, 학계 7%, 법조인 6.6%, 언론인 6%에 달해[153] 특정한 사회적 배경을 가진 사람들이 많이 충원되고 있음을 알 수 있다. 문제는 이런 직업에 여성 비율이 극소수라는 것이다. 학계의 경우 여교수의 비율은 11.7%(1997년 현재)로 지극히 소수이다.[154] 특히 정치 분야와 같이 전통적으로 남성의 영역으로 인식되어 온 분야에서 성공한 여성은 억센 여성 또는 여성답지 못한 여성으로 남성들뿐만 아니라 여성들로부터도 경원시되기 쉽다. 이와 같이 여성이 정치할 준비도 되어 있지 않고 어떻게 해

---

153) 김민정, "여성의 정치 세력화와 정당의 역할", 「여성 정치 참여의 세력화, 조직화, 전 문화를 위한 대토론회」, 자유민주연합 여성정치발전위원회, 2000년 2월 9일, 21-22면.

154) 민무숙, "한국대학의 남녀교수 불균형 현황과 문제점", 한국정치학회 1997. 4월 월례발표논문, 8면.

야 할지를 모르며, 여성들이 되고 싶은 역할 모델을 정치에서 발
견할 수 없어서 동기 부여되지 못한 것이 하나의 요인이다. 실제
로 본인이 설문 조사한 바에 의하면, 지역에서 단체 활동을 하는
여성 181명이 응답한 결과에서 지역을 대표할 사람으로 활동 의
향이 있느냐는 질문에 대하여 전체 응답자의 24.9%가 의향 있음
을 표시했다.155) 학력이 높은 대졸 이상에서도 지역사회활동을
하면서 지역사회를 대표하는 사람이 되고자 하는 비율이 낮은 것
은 사회화와 연결고리를 같이하는 성취 욕구가 낮게 자리하고 있
기 때문이다. 그러나 연령이 젊은 층인 30대 이하에서 40대 이상
의 연령층보다 지역을 대표할 의사가 있다는 응답률이 높은
것156)은 이제는 젊은 층에서 정치 및 공동체 문제에 대한 관심이
높아지고 있다는 것을 보여준다. 이와 같은 결론은 동일한 조사
대상자에게 정치 관심도를 물은 응답에서도 나타나고 있다.157)

---

155) 지역단체 활동 여성의 지역대표 의향(학력별) 단위: 명(%)

구분	중졸 이하	고졸	대졸 이상	전체
의향 있음	12(22.6)	23(24.7)	10(28.6)	45(24.9)
의향 없음	41(77.4)	70(75.3)	25(71.4)	136(75.1)
계	53(100.0)	93(100.0)	35(100.0)	181(100.0)

156) 지역여성활동가의 선거직 지역 대표 의향 (연령별) 단위: 명(%)

구분	30대 이하	40대	50대 이상	전체
의향 있음	6(46.2)	25(27.5)	16(19.3)	47(25.1)
의향 없음	7(53.8)	66(72.5)	67(80.7)	140(74.9)
계	13(100.0)	91(100.0)	83(100.0)	187(100.0)

157) 정치 관심도(공동체 문제) (연령별) 단위: 명(%).

128

제3절 여성의 정치재사회화 기회의 부족

  만약 여성이 분명히 비정치적이라면 관습적인 이해에서와 같이 여성들이 정치에 대한 이해관계가 부족하기 때문이며, 만약 여성이 보수적이라면 이것은 가부장제가 그들이 전통적인 질서에 대한 이해관계를 습득하도록 강요했기 때문이다. 이러한 결과는 최고 간부층을 제외하고 직업상의 승진 서열 단계에서 여성은 그들이 남성 동료들보다 덜 정치화되어 있으며, 다른 조건들이 동등하다면 젊은 여성이 나이 든 여성보다 더 정치화되어 있는 것으로 나타난다.[158] 이는 전통적인 사고의 틀로 교육을 받은 여성이 새로운 인권의 움직임을 받아들이지 못하여 일어나는 현상이다. 여성도 한 인간으로서 정치적·공적 생활에서 균등한 생활을 하면서 성차별을 받지 않으려면, 이러한 활동에 장애가 되는 법을 고침으로써 문화를 재형성해 나가야 한다. 그러나 이보다 앞서 더 중요한 문제로 제기되는 것은 여성의 정치적 재사회화 문제인데, 이는 기본적으로 전통적인 성역할 고정관념에서 벗어나는 의식

구 분	30대이하	40대	50대이상	전체
매우 관심이 있다	6(46.2)	14(15.2)	13(16.0)	33(17.7)
대체로 관심이 있다	4(30.8)	52(56.5)	41(50.6)	97(52.2)
대체로 관심이 없는 편이다	3(23.1)	24(26.1)	18(22.2)	45(24.2)
전혀 관심이 없다		2(2.2)	9(11.1)	11(5.9)
계	13(100.0)	92(100.0)	81(100.0)	186(100.0)

  x^2=14.807 df=6 p=.022.

158) 비키렌달 저, 「여성과 정치」 김민정 외 옮김, 119면.

개혁과 관계되기 때문이다. 따라서 성인 여성의 정치 사회화의 상황적 요인은 가정 밖에서의 취업과 높은 교육 같은 자극이 없는 상태에서는 아동기의 사회화는 정치적 태도에 대하여 보다 최종적인 효과를 갖는다는 것을 암시한다. 한국여성의 사회문화적 조건은 결혼과 가족이 여성의 삶에 가장 큰 영향력을 행사하며 개인주의에 기반을 둔 근대적 개인성은 출현하지 않은 상태이다.159) 그러므로 한국의 여성의 권리에 관한 한 경제활동 및 사회활동에 참가하지 않는 다수의 기혼 여성이 있는 한 빠른 속도로 변화를 기대하기에는 한계가 있다.

15대 총선을 평가한 다음의 글은 여성의 정치 문화와 정치 사회화의 영향을 짐작할 수 있고 정치 재사회화의 필요성을 나타낸다.

> 총선을 치르는 동안 정당은 여성을 선거 과정에 기용해 의미 있는 정치교육을 받게 하기보다는 한복을 곱게 차려입거나, 미니스커트를 입혀 꽃술과 부채나 흔들며 유세장 분위기를 돋우는 일에 동원해 남성들만의 정치판에 들러리로 참여하게 함으로써 참여한 여성이나 그러한 활동을 하는 여성들을 지켜보는 여성들의 정치 사회화에 부정적 영향을 미치고 있다. 뿐만 아니라 여성을 동원의 대상이나 향응의 대상으로 간주할 뿐 여성의 정치의식을 높여 정치 선진화를 이루려는 노력은 하지 않았다.160)

---

159) 조주현, "여성정체성의 정치학", 임희섭, 양종희 (공편), 「한국의 시민사회와 신사회운동」(서울: 나남, 1998), 174면.

160) 백영옥, "여성과 정당 그리고 선거", 이범준 외(편), 「21세기 정치와 여성」(서울: 나남, 1998), 176-177면.

한국여성의 다수는 기회의 평등을 주어도 조건이 다르기 때문에 그것을 누리기가 어렵다. '여성은 정치에 적합하지 않다'는 성차별적 편견은 여성 자신들까지도 능력 있는 여성후보들을 불신하는 경향이 높아 여성정치가에 대한 평가는 남성에 비해 부정적이며, 그 결과 여성들이 정치 영역에서 활동하는 것을 더욱 어렵게 하고 있다.[161] 성차별의 문제는 남성과 여성이 어떻게 역할을 분담하는가 그 자체보다도 양자가 공동의 목적을 위해 얼마나 협동하며 상대방의 역할을 존중하는가에 달려 있다고 볼 수 있다. 즉 성차별주의는 생산이나 노동의 성격과 직접 관련되어 있다기보다는 권력관계를 영속화하려는 정치적 이데올로기의 출현과 그 고착 과정에서 형성된 것으로 볼 수 있다.[162] 정부와 의회의 정책결정 지위에 있는 여성의 비율과 유엔의 상위직에서의 여성 비율 등은 여성의 권리와 영향력을 측정할 수 있는 중요한 지표인데, 전 세계적으로 정부의 장·차관 중 여성의 비율이 매우 저조하며 여성공무원의 대부분은 약한 지위에 몰려 있다. 이러한 때에 여성들이 남성과 동등한 권리를 가지고 함께 책임지며 평등하게 사회에 참여하기 위해서는 기존의 사회구조에 내재화되어 있는 남성 중심의 가부장적 이데올로기의 실체를 파악하고 이를 극복하기 위한 방안을 적극 검토해야만 한다.[163] 이러한 필요성에도

---

161) 한정신 외, "여성의 정치 재사회화 교육프로그램 개발 연구", 「아세아 여성연구」 제32집(서울: 숙명여자대학교, 1993), 18면.

162) 조용환, "성차별주의의 기원과 역사적 전개 과정에 관한 문화인류학적 연구", 「아세아 여성연구」 제32집(서울: 숙명여자대학교 아세아 여성문제연구소, 1993), 279-289면.

불구하고 여성들이 단체 활동을 하는 경우에도 대개의 여성들은 소외계층을 위한 단순 자원봉사활동에 머물거나 행정기관의 관계 에서도 여성의 요구를 드러내기보다는 지역사회의 환경 문제 등 을 주 활동 의제로 채택하는 경우가 많다. 본인의 조사에서도 이 와 같은 결과를 보여주고 있다.164)

그리고 이화여대의 연구에서165) 공무원 조사 결과에서는 여성 공무원의 능력 강화의 기회 제공이라 할 수 있는 교육훈련에 대 한 질문에서 '교육훈련 기회 결여'에 대한 동의 정도에서 남성은 평균값 2.91, 여성은 평균값 3.29로 여성공무원이 교육훈련 기회가 부족하다는 것에 더 높은 동의 정도가 나타났다. 이는 여성의 재 사회화 또는 리더십 육성과 관련된다. 연구자 본인이 2000년 4월 부터 5월까지 지역단체 활동 지도자를 대상으로 한 설문 조사에 서 지방에 거주하는 여성들은 설문 내용에 대한 응답이 연령과 학력에 있어서 의견의 차이를 나타냈다. 현재의 사회구조에 대한

---

163) E. Klein, *Gender Politics: From Consciousness to Mass Politics* (Harvard University Press, 1984).

164) 지역여성단체의 행정기관과 관련되는 문제의 유형

구분	빈도(%)	구분	빈도(%)
환경 문제	43(21.9)	소외계층 복지 문제	64(32.7)
여성 문제	24(12.2)	지역운영 전반 문제	42(21.4)
청소년 문제	18(9.2)	기타	5(2.6)
계	196(100.0)		

165) 조형 외, 「인사제도에 대한 공무원 여론조사」(이화여자대학교 사 회과학연구소, 중앙인사위원회 용역 연구, 미발간, 1999), 63면.

인식에서 '현재의 사회구조가 남녀평등 한 사회인가'라는 질문에
서 긍정적으로 응답한 비율은 학력별로는 중졸 이하에서 68.9%,
고졸에서 51.0%, 대졸 이상에서는 30.6%가 긍정적인 답변을 하였
으며, 연령별로는 긍정적인 응답을 한 비율은 30대 이하에서
35.7%, 40대에서 40.0%, 50대 이상에서는 68.6%로 연령과 학력에
서 집단 간의 의미 있는 차이를 나타내고 있다(p<.05).[166] 또한
같은 설문 조사에서 여성의 정치 활동에 대하여 어떤 의견을 가
지고 있는지를 물은 결과 '여성도 능력 있으면 출마하는 것이 당
연하다'는 의견에 30대 이하에서 92.3%, 40대에서 96.8%, 50대 이
상에서 85.2%로 여성의 정치 활동에 대하여 상당히 긍정적으로
평가를 하고 있는 것으로 나타난다. 그러나 50대 이상 연령층에서
'여성의 다른 사회 활동은 바람직하지만 정치 활동은 시기상조다'
에 10.2%의 응답률을 보이는 것과 '여성은 자녀 교육이나 집안일
에 전념하는 것이 바람직하다'는 응답이 40대와 50대 이상의 연령
층에서 나타나는 것은 사회화에 따른 고정관념이 연령이 높은 층
에서 여성의 정치 활동에 대한 부정적 인식이 많이 나타난다는
것을 보여준다.[167] 비슷한 질문으로 다음에 대한 응답률을 살펴

---

166) 남녀평등사회에 대한 동의 정도(학력별)

단위: 명(%)

구분	중졸 이하	고졸	대졸 이상	전체
매우 그렇다	6(10.3)	5(5.2)	11(30.6)	11(5.8)
대체로 그렇다	34(58.6)	44(45.8)	21(58.3)	89(46.8)
대체로 아니다	17(29.3)	39(40.6)	4(11.1)	77(40.5)
매우 아니다	1(1.7)	8(8.3)		13(6.8)
계	58(100.0)	96(100.0)	36(100.0)	190(100.0)

x^2=16.105 df=6 p=.013

본 결과도 연령과 학력이 의식의 차이를 가져오는 변수의 역할을 하고 있었다. 즉 '정치는 남성의 일이지 여성의 일이 아니다'라는 내용에 대한 동의 정도에서 학력에 따라 동의하는 비율이 중졸 이하는 36.2%, 고졸 13.7%, 대졸 이상 5.6%로 나타났다. 정치 참여에 있어서 성차를 설명하려는 거의 모든 연구들이 교육의 역할을 강조하고 있다는 것을 아무리 강조하여도 지나치지 않을 것이며 여성의 정치의식은 여성의 교육적 성취 수준과 더불어 증가한다는 기존의 연구들을 뒷받침하는 것이다.[168] 캘리와 부틸리어는 여성 성인이 정치적 활동을 하기 위해 필요한 결정적인 전제 조건을 여성활동가의 현대적 성역할 이데올로기, 그리고 자신의 생활공간에 대한 개인적 통제의식으로 규정하였다.[169]

---

167) 여성의 정치 활동에 대한 의견(연령별)

단위: 명(%)

구 분	30대이하	40대	50대 이상	전 체
여성도 능력 있으면 출마하는 것이 당연하다	12(92.3)	92(96.8)	75(85.2)	179(90.9)
여성의 다른 사회 활동은 바람직하지만 정치 활동은 시기상조다	1(7.7)	1(1.1)	9(10.2)	11(5.6)
여성은 자녀 교육이나 집안일에 전념하는 것이 바람직하다		2(2.1)	3(3.4)	5(2.5)
잘 모르겠다			1(1.1)	1(0.5)
계	13(100.0)	95(100.0)	88(100.0)	190(100.0)

$x^2 = 22.673$ df = 8 p = .004

168) 비키렌달 저, 「여성과 정치」 김민정 외 옮김, 121면.

169) R. M. Kelley and M. Boutilier, *The Making of Political Women: A Study of Socialization and Role Conflict*(Chicago: Nelson Hall, 1978), p.11.

제5장 한국여성의 정책결정직 대표성 증진 방안

이제까지 한국의 정책결정직의 여성 대표성 문제를 여성의 대표성과 정책과의 관계, 정책결정직의 여성 대표성에 관한 세계적 동향과 한국의 현황 및 한국여성의 정치·행정 부문에서의 대표성이 낮았던 원인의 분석, 그리고 여성계와 정부, 정당의 여성의 대표성 증진을 위한 활동 및 방향에 대하여 알아보았다. 한국은 유엔여성차별철폐협약 당사국으로서 국제법적 구속력에 의해 여성의 인권과 기본적 자유의 향유를 제한하는 모든 차별을 철폐할 의무를 지닌다. 이는 여성이 남성과 동등한 조건하에 국가의 정치, 사회, 경제 및 문화생활에 참여하는 데 장애가 되며, 여성의 잠재력의 완전한 개발을 저해하는 요소를 제거해야 하는 책임과 의무이다. 여기에는 물론 잠정적 우대 조치를 통해 완전한 평등을 이룰 것을 포함한다. 연구 결과 한국에서 여성이 정치·행정에의 참여를 통한 사회적 권한이 제한되고 있는 이유는 지나치게 남성 중심 정치권력이 유지되고 있는 가운데, 이로 말미암아 여성은 배제되는 권력 구조를 가지고 있었으며, 기존의 정치권력이 여성을 공동체 내에 동반자로 끌어내기 위한 노력을 거의 보이지 않았던 점을 발견할 수 있었다. 공직을 통해 정치·행정에서의 정책결정에 영향력을 키울 수 있는 관리직으로의 진출은 남녀가 다른 조건하에 공개경쟁채용시험을 치러야 하는 국가유공자 예우 등에 관한 법률에 의한 제대군인 가산점제가 여성에게는 매우 불리하게 작용하기 때문에 여성공무원이 수적으로 대표되지 못하는 원인으로 나타났다. 보직 배치나 승진에서의 차별도 중요하게 작용하는 것으로 볼 수 있다. 정치 및 행정관리직으로의 진출에 있어 공통적으로 작용하는 여성의 사회화 측면은 여성의 정치적 리더십을 저해하고 있으며, 또한 이를 극복하기 위한 정치재사회화도 부족했다는 것을 지적할 수 있다. 따라서 여성이 정치·행정에의 참여를 통해 사회적 권한, 즉 정책에의 영향력을 확대하기 위해서는 가장 기본적 전제 조건은 현재 사회구조를 구성하고 있는 체제 내 결정 권한을 가진 당사자들의 민주주의를 실천하겠다는 의지의 표명이라고 생각한다.

참여민주주의 정치체제의 기본 구상은 무엇보다도 기존의 정치체제가 국민의 요구를 제대로 빠르게 파악하여 정치 과정에 반영해야 한다는 것이다. 근대 민주정치의 대의성은 정부의 대의성에 달려 있다. 미국의 건국지도자 존 에덤스가 대의 기구는 전체 인구의 축소판이어야 한다고 주장한 바와 같이 입법부의 의원, 행정부의 수반 그리고 공무원이 진정으로 국민의 의사를 대표할 수 있느냐가 민주정치에서 관건이다. 민주 정부의 구성은 토크빌이 주장하듯이 민주 정부를 만들어 나가고자 하는 가치관의 실현 의지에 있다. 이는 정책을 통해 표출되어야 하며 이는 제도화를 통해 실현이 가능하리라 본다. 정치권력의 핵심에 있는 의회의원, 정당의 고위책임자는 사회적 이익과 권한을 여성과 동등하게 나누어 가질 수 있는 방안이 무엇인지를 숙고하고 이를 위한 방안이 실천 사항으로 옮겨져야만 할 것이다. 민주주의의 표상인 대의

기구, 즉 의회에서의 여성 대표성은 2000년 총선 당시 5.9%밖에
되지 않는다. 이는 우리의 민주정치의 갈 길이 아직도 멀다는 것
을 보여주는 지표이다. 정당 또한 민주적인 운영 방식과는 아주
먼 상의하달형의 비민주적 의사결정 통로를 가진 이유로 여성당
원이 50% 이상인 조직에서 여성의 상위직 진입은 당무위원직에
서 2.2%를 차지하는 것으로 그 어려움을 짐작할 수 있게 한다.
이는 남성 중심의 기존 정치권력이 여성이 가진 많은 제약을 기
회 삼아 여성을 정치권력의 도구로만 사용하는 일면을 보여준다
하겠다. 보봐르는 일찍이 여성의 성격이라고 규정한 것이 사실은
갖가지 사회 요인이 만들어 낸 산물에 지나지 않는다고 하였다.
즉 여성을 배제시키는 이데올로기의 전수에 의해 여성은 공적 영
역과 거리를 두고 가정의 영역 안에 있게 되었다. 민주주의는 국
민의 자유와 사회적 형평성을 고려한 지속적 노력에 의해서만 완
성도를 더해 갈 것이다. 민주주의를 이루어 내려는 노력은 인식의
전환을 통해서 가능하다는 사고를 가져야 할 것이다. 여성과 관련
한 문제는 그 특수성으로 말미암아 프리즘적 다면성을 특징으로
하고 있다고 할 수 있다. 여성과 관계되는 문제의 해결은 법적 ·
정치적 · 사회적 · 심리적 · 문화적인 면에 모두 관련되는 다면성을
갖는다는 것이다. 따라서 여성의 대표성을 증진시키는 문제 또한
공공의 인식이 무엇보다 중요하다. 따라서 여성의 대표성을 증진
시키는 과정으로서 의식화와 교육이 중요하며 이를 통하여 전통
적 사고와 편견의 변화 그리고 심리적 · 문화적 모순의 제거가 이
루어져야 한다. 여성의 대표성 문제는 정부와 국민의 공동 과제이

다. 정부가 일방적인 권력 행사의 방법으로 행할 수 있는 것이 아니라 대국민·대사회에 대한 평등의식의 고취와 교육이 병행되어야 하며, 관련 모든 행정 조직과 여성 단체, 국민 모두에 대한 행정의 협력 보장과 공동 작업에의 강화가 요구되는 문제이다. 따라서 정치·행정에서의 여성 대표성 확대 방안은 국가적 차원의 법과 제도의 정비 측면과 여성의 의식 변화 측면에서 함께 이루어져야 하는 것이므로 이를 두 가지 측면에서 제시하고자 한다.

제1절 법·제도화를 통한 여성 대표성 실현

1. 여성 정치 참여 30% 할당제

다른 분야에서의 여성 참여와는 달리 매우 저조한 상태인 정치참여, 고위 정책결정직에의 참여를 확대하기 위해서는 잠정적 우대 조치의 강력한 시행이 요구된다. 남성들만의 통치 기구로는 정통성의 유지와 합리적 민주주의 기능을 수행할 수 없기에 여야가오랜 정치 협상 끝에 선거관련법 개정을 통해 비례대표에 여성30% 이상 할당을 법에 명문화한 이후 치러진 2000년 4·13총선에서 주요 정당 중 한 개의 정당만이 본 규정을 지킨 점을 상기하고 이를 어겼을 경우에 대한 벌칙 조항을 명확화해야 한다. 그리고 정당에서 비례대표 후보 명단 작성 시 여성이 뒤 번호에 배당되어 득표율이 예상외로 저조할 경우 여성후보가 우선 탈락하는 일이 없도록 교호 순번으로 해야 하며 순번을 당헌·당규에 명시해야 한다. 또한 지역구 공천에도 당선가능지역에 여성공천 30% 할당이 함께 이루어져야 하며, 지역구 출마 여성후보에 대해서는 정당 차원에서 특별 지원이 있어야 한다. 그리고 여성의 정치 참여 비율이 최소한 30% 이상을 확보하기 위해서는 비례대표제 의석을 확대해야 한다. 남녀 차별의식이 국민의식의 저변에 아직 존재하므로 국가적 차원에서 여성 참여를 보장하기 위해서는 비례대표의석을 통해 여성을 진출시키는 노력을 해야 한다. 유엔의 여성차별철폐협약 당사국으로서 남녀의 동등한 지위를 확보할 때까지는 잠정적 조치에 의해서라도 여성차별이 철폐될 수 있는 사회구조를 만들어 나가야 한다는 주장이다. 이는 이미 권력을 획득한 층에서 평등적 시각을 가지고 의도적으로 사회구조를 개선해 나가는 실천적 전략이다.

2. 국고보조금의 민주화 촉진 지원금으로의 활용

외국의 사례에서 우리는 정당이 여성의 대변자 역할을 충분히 하고 있으며 할당제의 도입 문제도 정당 차원에서 먼저 이루어졌던 것을 알 수 있다. 그러나 한국에서는 정치자금의 부족으로 정당이 여성정치인 양성을 위한 자금을 감당할 여력은 없는 듯하다. 정부는 정당에 여성정치인 양성 자금을 지원하여 정치에 뜻을 가진 여성후보자에게 선거자금을 비롯한 정당 조직을 키우는 데 자금을 지원하는 것이 여성 정치 참여의 활성화를 기하는 데는 효과

가 있을 것으로 보인다. 현재 정부가 각 정당에 지급하는 국고보
조금 기준에 덧붙여 각 정당의 여성정치참여확대결과나 노력, 즉
여성의원 비율이나 여성후보 육성프로그램 등을 평가하여 차등 배
분하는 방법 등은 여성의 정치 참여를 활성화시키는 데 크게 기여
할 것이다. 또한 서구 정당에서 당내 민주화는 우선, 일반 당원들
보다는 그들이 선출한 대의원들이 중요한 역할을 행사하는 대표자
민주주의 형태로 나타났다. 그리고 나서 최근으로 올수록 일반 당
원 또는 지지자들의 참여를 적극적으로 수용하고 또한 유도하는
당내 민주주의 형태로 확대되고 있다. 이를테면 일찍이 지도자들
의 과두 지배 대신에 열성적 활동 당원의 참여에 의한 대표자 민
주주의를 실현한 영국노동당은 최근에 와서 일반 당원의 참여를
통한 당내 민주주의를 더욱 발전시키고 있다.[170] 정당 민주화는

170) 영국노동당의 총재와 부총재는 1983년 이전까지 원내 노동당 의원들
　　에 의하여 선출되었으나, 그 이후에는 지구당 대의원들과 노조 대의
　　원들로 구성되는 선거인단에 의하여 선출되었다. 그러다가 1993년
　　당헌 변경으로 선거인단이 폐지되었고, 대신에 지구당에 소속하는
　　직접 당원이나 노조를 통한 간접 당원이 모두 개인으로서 1인 1표를
　　행사하여 최고 지도부를 선출하게 되었다. 1994년 7월에 토니블레어
　　총재와 존 프레스코 부총재는 이러한 방식으로 선출되었다. 또한 전
　　국 집행위원회의 위원 가운데 지구당과 여성을 대표하는 위원들은
　　1994년부터 일반 당원 투표를 거쳐 선출하고 있다. 뿐만 아니라 1993
　　년 이후 의원 공천은 지구당 대의원이 아니라 당비를 내는 일반 당
　　원의 투표를 거치도록 되어 있다. 그리고 당 지도부와 간부의 선출,
　　의원 후보자의 선정뿐만 아니라 당의 주요 정책에 관한 결정에도 일
　　반 당원이 참여하게 되어 있다. 1996년에 차기(1997년) 총선에 제시
　　될 정책 공약도 일반 당원 투표로 승인되었고, 1997년 연례 당대회에
　　서는 주요 정책에 대한 결정 시 전국 집행위원회와 당대회 의결 이
　　전에 일반 당원들의 광범한 의사 반영을 거치도록 정책결정 과정이

민주주의 공고화 과정 전체의 관건이 된다. 그러나 한국의 정당의 운용은 대중적이지 못하며 정책 지향성이 약하다는 특징을 갖는다. 지역주의 정당 특성을 강하게 가지고 있어 정책 정당으로 발전하지 못한 한국의 특수한 상황의 문제도 있다. 문화의 문제는 장기적으로 풀어 나갈 수밖에 없으나 단기적으로는 제도적의 활용으로 문제를 조기에 해결해 나갈 수 있다. 이때 시민사회의 압력과 최고 통치자의 결단이 중요하다. 최고 통치자는 정책결정의 중추에서 그 영향력이 지대하므로 정당이 민주화될 수 있도록 그 의지를 피력하고 정책이 현실화될 수 있도록 여론을 환기시켜 나가야 한다. 이때 시민사회의 지지와 그리고 여성 당원의 압력은 중추적인 역할을 할 것이다. 정당의 비민주성은 비제도화된 정당 구조, 개인 중심의 정책결정, 지도자 선출의 불투명성, 의사결정 패턴에서 비민주성을 드러낸다. 이는 평당원의 참여 배제로 이어진다. 평당원 및 일반 참여의 제도화가 이루어져야 한다. 여성당원을 기반으로 한 대표성이 보장된 민주적 정당으로의 발전에 따라 국가적 차원의 지원금을 조성한다면 이는 민주주의의 초석을 다지는 길이 될 것이다.

제도화되었다. 노동당이 이와 같이 당내 민주주의를 확대하게 되자 전통적으로 의원 중심 정당인 보수당도 유사한 방향으로 당의 민주화를 추진하고 있다. 박찬욱, "정치개혁의 방향과 과제", 「21세기 한국의 국가전략」(세종연구소: 2000. 4. 20-21) 제4차 세종 국가전략포럼에서 재인용.

3. 여성채용목표제 시행 기간 연장과 목표 비율 상향 조정

정부가 여성공무원 육성을 위해 실시하고 있는 여성공무원 채용목표제는 1996-1999년까지 4년간 그 수혜자가 행정고시의 경우 13명, 외무고시의 경우 1명으로 합격 인원 전체에서 차지하는 비율은 1.6%에 지나지 않는다. 정부가 여성공무원을 적극적으로 활용할 의지가 있다면, 채용목표제 비율은 상향 조정되어야 한다. 적극적 조치(Affirmative Action)의 의도가 사회구조를 바꾸고자 하는 것이며 사회적 형평성을 이루고자 하는 것이므로 공직 부문에서 여성 인력을 늘리는 방향에서 정부의 의지를 더욱 강하게 실천하기를 바라는 것이다. 여성합격자가 많아지면 대학 진학에 있어서도 사회과학 분야에 여성의 지원이 늘어날 것이며 이는 분야별로 인력의 균형을 이루는 계기를 만들어 나가게 될 것이다. 여성공무원의 신규 채용 공무원 중에서 여성 비율이 높아지고 있긴 하지만 여전히 여성공무원은 특정 분야에 편중되고 신규 채용 시에는 9급에 집중되어 있다. 우선적으로 5급에서의 채용목표제를 9급과 같은 30%로 목표를 상향 조정해야 한다. 또한 정무직, 별정직 등 앞으로 개방되는 1-3급 고위직에 여성 채용을 일정 비율 할당하는 것이 요구된다.

그리고 지방자치단체에 남녀평등 실천 지수를 산출하여 재정인센티브를 제공하여 지방자치단체의 재원 확보에 도움을 줄 뿐 아니라 이는 지방자치단체의 행태 변화에 가장 실효성 있고, 유효한 조치로서 작용할 것이다. 정부가 행하는 모든 활동들은 민간 부문

을 주도하고 사회의 행동 양식을 바꿀 수 있다는 점에서 공공 부
문, 즉 정부의 인력 정책은 선도자적 역할을 해 나가야 한다. 핀
란드의 경우에서처럼 여성의 비율이 40%를 차지하지 못할 경우
불평등한 구조로 인식하고 전체 부문에서 여성 인력의 균형적 활
용 의지를 가져야 한다. 또한 정부와의 조달 계약상에서 민간 부
문의 남녀평등 지수를 정부에 제출하고 평등고용 지수가 낮은 기
관은 계약을 체결함에 있어 불이익을 감수해야 하는 미국 정부의
평등고용위원회(EEOC)의 조치와 같은 정부의 평등에 대한 의지
가 한국의 정부 차원에서 이루어져야 한다.

4. 여성공무원 승진할당제와 보직할당제 실시

승진은 공무원들이 공직 생활에서 보수 다음으로 중요하게 생
각하는 부분이다. 승진과 보직은 영향을 주고받는 관계에 있고 여
성은 보직을 배치받을 때부터 차별을 겪고 있는 상황에서 자신의
보직이 승진에 긍정적인 영향을 주는 업무인지 아닌지에 따라서
만족도도 다르게 나타난다. 여성공무원을 관리하는 데 있어서 여
성이 승진에 차별을 당하지 않기 위해서는 업무에 있어 중요도가
높게 평가되는 보직에 여성을 임명해야 함은 물론 근무 평정의
공정성을 기반으로 하기 위한 인사 관리가 되기 위해서는 직무에
대한 정확한 분석 및 당사자들이 공감하는 보직 인사 원칙이 있
어야 할 것이다. 여성공무원의 경우 보직 배치나 승진에서 차별을
받아 왔다는 많은 사례가 있고 항상 여성이기 때문에 불이익이

따른다는 불편한 심경을 갖게 된다. 보직의 배치는 과학적 직무 분석에 따라서 행해져야 하며 남녀공무원에게 투명하게 실시되고 현직 인원 비율에 따라 승진이 이루어지고, 보직 배치도 순환 보직의 경우 여성 인력이 서비스 중심의 대민, 창구 업무에 적합하다는 선입견을 버리고 기획, 인사, 예산 등의 중요 업무에 여성이 일정 비율 참여하는 할당제의 명시가 필요하다.

5. 여성 리더십 훈련센터 설립

여성의 근본적인 문제는 남성 중심 정치권력이 만들어 놓은 성역할 분업론에 입각한 사회화와 이로 인한 피해자가 됨으로써 스스로 리더십의 상실을 가져오는 데 있다고 볼 수 있다. 여성 자신들이 정책 자질과 능력을 키워야 여성이 정치무대에서 남성과 동등하게 설 수 있다. 최대의 무기는 여성들이 남성을 능가하는 자질과 능력, 도덕성, 통솔력을 갖추는 문제이다. 우선, 지금과 같은 비생산적이고 소모적이며 투명하지 못한 정치 문화를 바꿔 선진 정치를 실현하려면 여성들이 많이 정치에 참여해야 하고 각급 위원에 많이 당선해야 할 것이다. 그러기 위해 정치를 지망하는 여성들은 각고의 노력으로 자기를 개발하고 성장시켜 자질에서나 능력에서나 도덕성에서 우수한 정치 인력으로 성장해 가야 할 것이다. 정부 차원에서 차세대의 여성정치인을 육성하기 위해 정부 예산의 과감한 투자가 이루어진 교육센터를 전국 곳곳에 설립하여 전국의 여고생 및 대학생을 중심으로 여성정치인이 되는 데 필요한 자질 함양과 함께 지역선거구에서의 정치 활동을 교육을 통해 습득하며, 정당과의 네트워크를 통해 정치에 입문할 수 있는 길을 열어 주는 것이 필요하다. 또한 성인 여성을 대상으로 성역할 고정관념을 불식시킬 수 있는 남녀평등의식을 기반으로 한 공동체의식 및 자신의 권리의식의 개발을 위한 교육센터가 전국에 걸쳐 설립되고 다양한 프로그램이 개발되어야 할 것이다.

제2절 여성의 의식 변화와 활동을 통한 여성의 힘의 증진

1. 여성의 정치의식화

여성정치인 후보자는 여성 단체와 유대 관계를 가지면서 여성 단체나 정당에서 실시하는 정치 훈련을 통해 정치에 대한 전문 능력을 익히고 보다 적극적으로 정당에도 가입하여 지지 기반을 공고히 하는 것이 중요하다. 동시에 여성 단체는 여성유권자에 대한 의식 교육을 강화해야 한다. 시민운동과 교육을 통해 여성유권자로 하여금 자신들이 가지고 있는 유권자로서의 힘을 인식하도록 하고, 그들의 견해, 이익, 관심을 분명히 하여 그들의 지도자에게 대표성을 부여해 주고 의사결정, 또는 정책에 반영되도록 해야 한다. 유권자들이 정치에 참여하는 방법은 다양하다. 유권자는 투표 행위 같은 정치 참여를 통해 힘을 행사하거나 축적할 수도 있으며, 선거운동

조직원이 될 수도 있고 자발적으로 선거운동에 참여할 수 있다. 그러나 궁극적으로는 여성의 이익을 대변하는 사람에게 투표하고 그렇지 않은 사람에게는 지지를 보내지 않는 사회적 시각을 반영하는 태도를 가져야 한다. 이를 통해 여성의 힘을 증진시켜 나가는 것이다. 그리고 여성유권자들은 깨끗한 정치가 이루어질 수 있도록 선거를 감시하고 관찰해야 한다. 정치를 발전시키기 위해서는 무엇보다도 개방적이고 공정한 선거가 이루어져야 하며, 깨끗한 정치의 실현이야말로 여성의 정치 참여 활성화를 위한 수단이 될 수 있기 때문이다. 여성유권자들은 계속해서 정치에 관심을 가지고, 정치인들과 친밀한 관계를 유지해야 하고, 정치의 효용성을 믿으며 자신이 투표한 후보자가 선거 공약을 잘 지키는지를 감시하고, 여성후보자들을 더욱더 지지하여 여성지도자들이 여성의 문제에 대해 반응할 수 있는 힘을 조직 내외에서 실어 주어야 한다.

2. 여성 단체의 여성정치인 발굴·육성 기능의 활성화

여성 단체들은 여성후보의 발굴에 적극 나서야 한다. 앞에서 말한 여성정치세력화의 핵심은 경쟁력 있는 여성후보들이 많이 있을 때 비로소 가능해질 것이기 때문이다. 과거에는 관권, 폭력, 금권에 휘말린 부정선거, 선거자금 및 조직력 부족, 여성후보에 대한 유권자들의 인식 부족 등으로 여성들이 쉽게 정치의 문으로 나서기를 꺼렸으나 개정선거법 등으로 선거문화가 변하고 있는 현시점에서 무엇보다 중요한 것이 여성후보를 발굴하는 일이라고 하겠다. 그리고 여성정치인 양성에 실질적인 도움을 줄 수 있는 교육프로그램의 개발과 운영 능력의 신장이 필요하다. 여성 단체들은 연대하여 정부와 각 정당을 상대로 하여 여성의 정치 참여에 유리한 제도 마련과 개선에 힘을 모아야 한다. 정당의 여성 참여 목표율 설정 및 할당제 도입, 그리고 여성의 정치 지도력 향상을 위한 교육 훈련의 개발 및 확대 등을 지속적이고도 광범위하게 요청하여 여성정치세력화의 길을 다져야 한다.

3. 정당의 여성당직자 및 당원의 역할 강화

현대 정당의 기능은 시민 의사 전달의 도관으로서 이익을 집약하고 좀더 나은 목표를 가지고 사회를 변화시키려는 의지를 강하게 가질 필요가 있다. 많은 외국이 남녀평등에 대한 요구는 정당으로부터 시작된 것을 보아도 한국의 정당은 그 스스로의 역할을 다하고 있지 않다고 보인다. 정당의 여성당원이 50%를 넘는 상황인데도 불구하고 정당은 민주화에 의한 당직자의 충원이나 조직 관리가 이루어지지 않고 남성 중심의 공천권 등을 비롯한 자리다툼의 장이 되고 있다. 국가정책의 많은 부분은 정당 간의 이익 배분을 위한 갈등과 조정 상태를 거쳐 이루어지게 되는 것이 정상적인 일이다. 그러나 한국의 정치가 정책 심의 때문에 떠들썩하면서 일하는 국회의 모습이 되기보다는 파행적 모습을 보여주면서 국민들은 정당 활동을 비롯한 정치에 관련되는 활동 자체를 포기해 버린 상태이다. 정당은 지역할거주의를 극복하고 정당 간에 차별적인 정책을 개발하고 국민의 지지를 호소한다면 남녀평등을 이루려는 여성들의 의지 또한 지지를 기반으로 한 선택에 의해 한층 빠른 속도로 진전이 있을 것이다. 정당 내에서 이러한 역할을 담당해 줄 사람은 여성당직자 및 당원의 몫이다. 정당원으로서의 권리를 강화하고 지지 또는 반대의 의사를 표명하여 정당이 여성에게 우호적인 조직이 되고, 정책을 개발해 나갈 수 있도록 노력해야 한다. 정당은 남녀평등 한 사회를 어떻게 구현해 나갈 것인가를 가지고 여성으로부터 집권 정당 또는 수권 정당으로서의 자격을 검증받아야 한다.

4. 여성공무원의 조직관리능력 강화

여성공무원은 성역할 고정관념을 극복하고 소극적 자세에서 벗어나 업무의 전문화 및 인간관계를 바탕으로 한 조직 내 문화에 소외되지 않도록 적극적으로 임해야 한다. 보직의 배치에 있어서도 격무 부서의 기피 등과 같은 남성과 다른 행동 양태를 보일 것이 아니라 여성들은 가정과 직장의 양립을 가능하게 하는 제도의 보완을 요구하고 여성의 특수성에 관한 사항은 주변을 이해시키고 표면화하여 여성이 공직을 통하여 봉사하는 데 남성과 다른 환경에서 갈등을 겪는 일이 없도록 해야 한다. 또한 공무원 교육훈련 기회에 있어서 여성의 관리능력 제고를 위한 교육에는 더 많은 여성들이 기회를 갖도록 하여 보직의 배치, 승진 등과 같은 인사에서 차별받지 않아야 한다.

제6장 결론 및 제언

여성이 정치를 비롯한 정책결정직에서의 대표성을 주장하는 목적은 참여를 통해 여성의 지위를 변화시키고자 하는 것이며, 이는 현재의 남녀 불균형적 사회구조를 변화시켜 남녀평등 한 사회로 나아가는 필수 조건이다. 여성 지위의 변화는 힘의 증진을 통해서 가능하다. 힘의 증진은 인지적, 심리학적, 정치적, 경제적, 육체적 요소를 모두 포괄하는 종합적 산출물이다. 본 연구를 통해서 한국에서 여성이 정책결정직에서 어느 정도의 대표성을 지니는지를 알아보고, 선진 외국을 비롯한 국제적 수준과의 비교를 통해 남녀가 평등하게 살아가는 조건 형성 문제에서 얼마나 뒤져 있는지를 알 수 있었다. 앞으로 여성들은 과거에 갖지 못했던 생산 자원과 경제적 자립을 통해 힘의 증진은 더욱더 가능해질 것이다. 이것만 가지고 자동적으로 전통적인 성역할을 변화시킬 수는 없으나 경제적 힘을 기반으로 한 여성의 사회적 권한 확대는 사회구조를 바꾸어 나가는 데 근본이 될 것이다. 그러나 여성의 사회적 권한을 제약하는 남성 중심적 권력구조, 이념, 법·제도적 장치, 정책결정 과정을 논하지 않고 여성 개인의 능력의 신장 측면을 강조한다면 여성과 남성이 결과적으로 동일하다는 가정에 기반을 두기 쉽다. 그러므로 여성의 종속을 유지하고 발전시키는 제도, 과정, 이념에 대한 변화를 가져오는 데는 정책을 통한 정부 의지의 표출이 남녀평등 한 사회구조를 갖추는 데 선결조건이라 할 수 있다. 앞에서 제시한 여러 방안이 여성을 주 변화하는 견고한 체제 내의 힘, 제도적 힘의 본성과 방향을 바꾸는 데 기여하기를 바란다. 이는 정치체제 내 정책결정자, 다양한 이익집단, 개인들의 활발한 참여를 필요로 한다. 한국은 유엔여성차별철폐협약의 당사국이고, 세계화 속에서 자유와 정의를 공동의 선으로 받아들이는 민주주의를 완성해 나가고자 하는 국가이다. 동 협약 제5조에서 당사국은 일방의 성이 열등 또는 우수하다는 관념이나 남성과 여성의 고정적 역할에 근거한 편견, 관습 및 기타 모든 관행을 없앨 목적으로, 남성과 여성의 사회적, 문화적 행동 양식을 수정할 것을 의무화하였다. 그러나 한국의 잠정적 우대 조치를 비롯한 정부의 차별적 사회구조를 변화시키려는 노력은 너무나 미약하다. 잠정적 우대 조치를 취할 경우에 있어서도 기존의 남성 중심의 문화를 깨뜨리지 않는 선에서, 즉 양적으로는 10%의 상승효과도 기대하기 어려운 비례대표제에만 여성 할당 50%를 규정한다든지 공직에서도 여성채용목표제의 효과는 전체 인원의 5%의 상승효과도 가져오기 힘든 매우 미약한 수준의 목표 설정이다. 정부는 남녀평등 한 사회구조를 만들어 나가는 노력을 선언적 의미로만 공포하거나 정책을 시행할 것이 아니라 실질적으로 구조에 변화를 일으키는 수준이 되어야 할 것이다. 정부의 강한 의지를 촉구하는 바이다. 정당도 정당으로서의 사회 책임을 다하는 민주주의의 실천장이 되어야 한다. 정당의 민주화를 통해 풀뿌리로부터 발현되는 민의를 수렴하고 이를 실천하기 위해 정권을 획득할 목적을 가지며, 남성과 여성의 삶의 질의 문제를 편견이 불식된 상태에서 고민하는 정당이 되어야 할 것이다. 여성의 의식과 관련하여서는 관심 대중으로서 지위에 있는 사회 지도층 여성지도자를 중심으로 의식의 고양에 힘써 나가야 한다. 여성이 무지의 베일 속에서 권리의 사각지대에 놓이지 않도록 국가와 정당, 그리고 여성 스스로는 의무를 다해 나가야 한다.[171]

---

[171] 본 도서는 2000년 12월 30일 기준으로 연구된 것임으로 후학들에게 본 학술서 집필 이후 진전된 상황에 탐색의 기회를 제공한다.

참고문헌

1. 국내문헌

1.1 단행본

강성철 · 김판석 · 이종수 · 최근열 · 하태권. 1996. **새인사행정론**. 서울: 대영문화사. 김민정 외 공역(Randall, Vicky 저) 2000. **여성 과 정치**. 서울: 풀빛.

김병진. 1989. **정책학 원론**. 서울: 박영사

김운태. 1980. **행정학 원론**. 서울: 박영사.

김원홍 · 김혜영 · 김은경. 2000. **정당의 여성당직자 확대방안**. 서울: 한국여성개발원.

김형렬. 1997. 정책결정론. 서울: 대영문화사.

김형렬. 2000. **정책학** 개정판. 서울: 법문사.

박동서. 1990. **한국행정론**. 서울: 법문사.

백영옥. 1992. "여성유권자에 대한 유권자의 태도", 김정숙 편. **여성 과 정치**. 서울: 한국여성정치문화연구소.

백완기. 1982. **한국의 행정문화**. 서울: 고려대학교출판부.

손봉숙. 1998. "지방자치와 여성의 정치 참여", **21세기 정치와 여성**. 서울: 나남.

신명순. 1993. **한국정치론**. 서울: 법문사.

신명순. 1995. "한국에서의 시민사회 형성과 민주화과정에서의 역 할", **국가·시민사회·정치민주화**. 서울: 한울아카데미.

신명순. 1999. **비교정치**. 서울: 박영사.

안해균. 1984. **정책학원론**. 서울: 다산출판사.

양성철. 1994. **한국정부론**. 서울: 박영사.

158

윤근섭 외. 1995. "여성문제와 여성 정책", **여성과 사회**. 서울: 문음사.

이금순. 1998. "한국민주주의와 여성의 역할", **새로운 정치학 Gender politics** 서울: 인간사랑.

이영애 편. 1995. **성·권력·정치.** 서울: 법문사.

이효재 역 (볼드리지, J. 저) 1979. **사회학.** 서울: 경문사.

장성자 역 (U.N. 엮음) 1993. **여성: 2000년을 향한 도전.** 서울: 한국 여성개발원.

전정희. 1998. "여성의 정치적 리더십과 성차", 장공자 외 저. **새로운 정치학.** 서울: 인간사랑.

조주현. 1998. "여성정체성의 정치학", 임희섭 · 양종희 (공편). **한국의 시민사회와 신사회운동.** 서울: 나남.

중앙인사위원회. 2000. **14개 OECD 회원국의 고위공무원제도,** 중앙인 사위원회. 미발간.

차남희 역(Badie, Bertrand & Birnbaum, Pierre 저). 1987. **국가사회 학.** 서울: 학문과 사상사.

1.2 논문

권경득. 2000. "공직인사상의 여성차별실태와 개선 방안", 정부와 여 성 참여, 한국행정학회 2000. 3. 7, 2000년도 기획세미나 자료 집, 157-158면.

김민정. 2000. "여성의 정치세력화와 정당의 역할", 여성정치참여의 세력화 · 조직화 · 전문화를 위한 대토론회. 2000년 2월 9일. 자유민주연합 여성정치발전위원회, 21-22면.

김선욱. 1994. "할당제의 여성 정책적 의미와 도입방안", 여성연구 가 을호. 서울: 한국여성개발원. 84-85면.

김엘림. 2000. "여성 정책의 국제적 발전동향", 여성 · 여성 정책 · 그 리고 사회참여, 2000. 5. 13, 성신여자대학교 한국여성연구소 2000년 춘계학술대회.

김형렬. 1980. "미국의 인력행정에 관한 연구", 한국행정학보. 통권 제14호. 서울: 한국행정학회.

문지현. 1993. "한국여성의 지위인식과 지위 향상 태도에 영향을 미치는 요인에 관한 연구", 여성연구논총. 제8집. 서울: 서울여자대학교 여성연구소. 126면.

민무숙. 1997. "한국대학의 남녀교수 불균형 현황과 문제점", 한국정치학회 1997. 4월 월례발표논문. 8면.

박혜자. 2000. "여성의 정치사회참여와 새 시대의 역할", 정부와 여성 참여. 2000. 3. 7 한국행정학회 2000년도 기획세미나. 45면.

송은희. 1996. "한국의회의 어제와 오늘, 그리고 여성: 여성의 역대의회 진출 현황", 한국정치학회보 제30집 3호. 74-75면.

안병영. 1994. "정치인과 한국의 정책결정 구조", 정책결정구조의 비교: 정·경·관의 역학관계, 1994. 10. 13-14, 한국행정학회 국제학술대회 논문집, 286면

이기옥. 2000. "지방정부의 리더십과 여성문제의 상관관계", 정부와 여성 참여. 2000. 3. 7 한국행정학회 2000년도 기획 세미나. 211-213면.

조용환. 1993. "성차별주의의 기원과 역사적 전개과정에 관한 문화인류학적 연구", 아세아 여성연구 제32집. 서울: 숙명여자대학교 아세아 여성문제연구소. 279-289면.

한정신 외. 1993. "여성의 정치 재사회화 교육프로그램 개발 연구", 아세아 여성연구 제32집. 서울: 숙명여자대학교. 18면.

1.3 기타

대통령 직속 여성특별위원회. 1999. 여성백서.

새정치국민회의 주최. 1999. "여성공무원의 인사정책 개선방향", 자료집 사례발표 1999. 1. 28, 44-47면.

여성특별위원회. 1999. 1998년도 시행실적 및 1999년도 시행계획 -중앙행정기관. 여성특별위원회. 37면.

여성특별위원회. 2000. 1999년도 시행실적 및 2000년도 시행계획. 여
　　성특별위원회: 2000. 4. 16면.

이종정. 1999. "미국보훈제도 연수보고", 국가보훈처.

정무장관(제2실), 1996, 여성백서, 141-142면.

한국여성개발원. 1999. 여성통계연보 1999.

한국여성 단체협의회 2000. 여성. 2000년 3월호. 통권 382호. 46면.

한국정책학회. 2000. 16대 총선 정당별 정책공약 분석집. 미발간.
　　300-311면.

행정자치부 여성 정책담당관실, 2000. "유엔여성특별총회 참가 및 영
　　국방문 결과보고서", 5-8면.

행정자치부 자치운영과. 1998. "1998년 상반기 지방공무원 인사운영
　　통계", 49면.

The Korea Herald "Women want gender equality in governments",
　　June. 10. 2000. p.5.

2. 외국문헌

Bachrach, Peter and Baratz, Morton S. 1979. *Power and Poverty*.
　　New York: Oxford University Press.

Bachrach, Peter. 1964. *The Theory of Democratic Eliticism: A
　　Critique*, Boston: Little Brown Co, p.3.

Beauchamp, Tom L. & Pinkard, Terry P. (eds.). 1983. *Ethics and
　　Public Policy*, Englewood Cliffs, NJ: Prentice-Hall, Inc.
　　pp.1-24.

Clynch, Edwards J. & Gaudin, Carol A. 1982. "Sex in The
　　Shipyards: An Assessment of Affirmative Action Policy",
　　Public Administration Review, Vol.42, No.2 pp.114-121.

Dawson, Richard E. and Prewitt, Kenneth. 1969. *Political
　　Socialization* Boston: Little Brown Co. pp.29-36.

Flannery, C. B. and Lynn, N. B. 1974. *Women and Political Socialization: Considerations of the Impact of Motherhood* Jaquette. p.51.

Foucault Michel. 1979. *Discipline & Punishment: The Birth of the Prison* New York: Vintage Books. Part 3.

Ham, Christopher and Hill, Micael. 1984. *The Policy Process in the Modern Capitalist State* New York: Martin's Press. p.73.

IPU. 1997. *Man and Women in Politics: Democracy Still in the Makimg, A World Comparative Study.* Geneva: IPU. p.83.

J. Faundez. 1994. *Affirmative Action: International Perspectives.* International. Labor Office Geneva.

Jowell, Jeffrey L. 1975. *Law and Bureauracy: Administrative Discretion and The Limits of Legal Action* Port washington, New York: Dunellen.

Kelley, R. M. and Boutilier, M. 1978. *Making of Political Women: A Study of Socialization and Role Conflict* Chicago: Nelson Hall. p.11.

Kingsley, J. Donald. 1944. *Representative Bureaucracy: An Interpretation of the British Civil Service.* Yellow Springs: The Antioch Press. pp.282-283.

Klein, E. 1984. *Gender Politics: From Consciousness to Mass Politics.* Harvard University Press.

Lewis, Gregory B. 1986. "Race, Sex, and Supervisory Authority in Federal White-Collar Employment", *Public Administration Review,* Vol. 46, No.1. pp.25-30.

Mazmanian, Daniel A. and Sabatier Paul A. 1981. *Effective Policy Implementation Lexington Mass: Lexington* Books. pp.5-20.

Ministry of social Affairs and Health & Office of the Ombudsman for Equality. 1999. *Mainstreaming Equality: The State of*

162

Gender Equality on Yhe Eve of the 21St Century. p.50.

President's Interagency Council on women. 1997. *America's
    Commitment: Federal Programs Benrfiting Women and
    New Initiative as Follow-Up to The UN Fourth World
    Conferanceon Wonen*. p.130.

Randall, Vicky. 1982. *Women and Politics*. London and
    Basingstoke: Macmillan.

Rhode D. L. 1993. "Feminism and the State", *Harvard Law Review*.

Russell, Bertrand. 1940. "Freedom and Government", in Ruth
    Nanda Anshennn(ed), *Freedom, Its Meanings*. New york:
    Harcourt Brace & CO. p.251.

Selvaratnam, S. 1988. "Population and Status of Women",
    Asia-Pacific Population Journal 3(2).

Skard, T. *Chosen for Parliament* Oslo: Gyldendal. p.192.

Statistics Finland. 1999. *Women and Men in Finland 1999*, p.114.

Tamerius, Karin L. 1995. "Sex, Gender, and Leadership in the
    Representation of Women", in Georgia Duerst-Lahti and
    Rita Mae Kelly(eds), *Gender Power Leadership, and
    Governance* Ann Arbor Mich: The University of Michigan
    Press. pp.103-104.

Taub, N. & Schneiden, E. W. 1993. "Women's Subordination and
    Role of Law", *Feminist Legal Theory-Foundations*. D, K
    Weisberg. p.14.

Tocquevill, Alexis De. 1969. *Democracy in America* New York:
    Anchor Books. pp.513-517.

West, Robin 1993. "Jurispurdence and Gender", *Feminist Legal
    Theory-Foundatins* D. K. Weiberg.

3. Internet Sites

http://minbyun.jinbo.net/
http://www.joins.com/news/
http://db-decision.de/english/
http://japan2.hanmir.com/
http://www.hani.co.kr/
http://www.un.org/
http://www.feminist.org/

부 록

〈부록 1〉 결정계수 이상의 여성국회의원 점유 국가

국가명	선거제도	할당제 방식 유무	국가의회 여성비율
Rewanda	다수득표제	유 1)헌법에 여성할당비율명시 2)80의석 중 24석을 여성에게 할당 3)지역의회의 20%는 여성에게 할당	48.8
Sweden	비례대표제: 정당명부제	유 4)스웨덴 사민노동당, 좌파당, 녹색당 등에서 여성할당 50%	45.3
Denmark	비례대표제: 정당명부제	무 1996년 할당제를 폐지	38.0
Finland	비례대표제: 정당명부제	무 없음	37.5
Netherlands	비례대표제: 정당명부제	유 4)노동당은 여성할당 50%	36.7
Norway	비례대표제: 정당명부제	유 4)사회좌파당, 노동당, 중앙당, 기독민주당 40%	36.4
Cuba	다수득표제	무	36.0
Spain	비례대표제: 정당명부제	유 4)스페인 사회노동당 한성이 40% 미만에 이르지 않도록 함	36.0
Belgium	비례대표제: 정당명부제	유 2)한성이 1/3이하로 낮아지지 않도록 함	35.3
Costa Rica	비례대표제: 정당명부제	유 2)공직자 선출 후보자의 40%는 여성 4)국가자유당과 기독사회당 40%, 시민행동당 50%	35.1
Argentina	비례대표제: 정당명부제	유 1)헌법에 여성할당비율 명시 2)당선가능한 번호안에 여성 30%할당	34.0

166

		3)대부분의 정당 30%할당 수용	
Austria	비례대표제: 정당명부제	유 4)녹색당 50%, 국민당 33.3%, 사회민주당 40%	33.9
Germany	비례대표제: 정당명부제	유 4)민주사회당, 녹색당은 50%, 기독민주당 33.3%, 사회민주당은 40%	32.2
Iceland	비례대표제: 혼합식 명부제	유 4)민주사회당, 녹색당 50% 할당, 기독민주 33.3%, 사회민주당 40%	30.2
Mozambique	비례대표제: 정당명부제	유 4)자유당 30%	30.0
South Africa	비례대표제: 정당명부제	유 4)국가의회 여성할당 30%, 지방의회 50%	30.0

* 나머지 국가는 여성 의회의원이 30%를 점유하지 못함.
** 할당 유형 1)은 헌법에 할당 규정이 명시되어 있는 경우, 2)선거법에 할당규정이 명시되어 있는 경우, 3)하부 정부기관의 선출직을 위한 헌법적, 법률적 할당이 있는 경우, 4)선출직 후보자를 위한 정당 규정에 할당제를 둔 경우
*** 출처: IPU 2004. ;UN. 2005. 「Gender Equality」.

〈부록 2〉 정부위원회 여성참여 현황

연도	총 위원수	여성위원 수	여성비율
1990	11,374	1,019	9.0
1995	14,619	1,131	7.7
1996	26,053	2,414	9.2
1997	11,269	1,251	11.1
1998	15,296	1,896	12.4
1999	14,944	2,635	17.6
2000	16,255	3,842	23.6
2001	16,393	4,547	27.7
2002	16,926	5,093	30.1
2003	16,113	5,095	31.6
2004	17,470	5,617	32.2
2005	19,969	6,476	32.4

* 한국여성개발원. 2006. 「여성통계연보」.

-지역단체 활동 여성의 정치의식 조사-

안녕하십니까?

지역사회발전을 위해 애쓰시는 귀하의 노고에 감사를 드립니다. 본 설문지는 여성지위 향상을 위한 연구의 일환으로 작성된 것입니다. 불편하시더라도 관심을 가지고 의견을 주시기 바라오며 설문에 응답한 내용은 통계분석을 위해서만 쓰이는 것이니 솔직한 의견을 부탁드립니다.

〈연세대학교 행정대학원 김혜영〉

연세대학교 행정대학원

* 다음은 남녀 역할에 대한 동의 정도를 묻는 질문입니다. 동의하는 칸
에 V표를 하여 주십시오.

내 용	매우 그렇다	그렇다	그렇지 않은 편이다	전혀 그렇지 않다
1. 여성과 남성의 같은 일을 하여도 능력차가 있다				
2. 아내는 남편에게 집안일을 맡기고, 집을 비운 채 외출할 수 없다				
3. 여아는 얌전하게 남아는 씩씩하게 키운다				
4. 평소에 '여자가 되어 가지고', '남자니까'라는 말이 어쩔 수 없이 나와 버린다				
5. 식사나 손님 접대하는 일은 언제나 어디서나 여성의 일이어야 한다				
6. 여성은 집안일이나 자녀 양육에 지장이 없을 정도로 일하는 것이 좋다				
7. 여성이 직장생활과 가정의 양립문제로 고민하면 '무리하지 말고 퇴직하라'고 권한다				
8. 여아는 디자인이라든가 귀염성, 남아는 기능성이나 단순성을 기준으로 옷을 고른다				
9. 지역활동이나 봉사활동은 여성 쪽이 적합하다				
10. 남성은 생산 주체로서 가정경제를 책임져야 한다				

11. 귀하가 현재 활동하고 있는 분야는 무엇입니까?

_____ ① 환경감시활동

_____ ② 소외계층을 위한 봉사활동

_____ ③ 여성지위 향상활동

_____ ④ 상담활동

_____ ⑤ 지역사회자치활동(통, 반장)

12. 귀하가 활동하는 분야는 여성권익 신장에 도움이 됩니까?

_____ ① 매우 그렇다

_____ ② 대체로 그렇다

_____ ③ 대체로 아니다

_____ ④ 매우 아니다

13. (정치에 관심이 있는 경우) 정치에 관심을 가지게 된 계기는?

_____ ① 평소 정치·사회 문제에 관심이 많다

_____ ② 재개발 문제 등 정치·사회와 관련한 개인적 경험
          때문에

_____ ③ 직장 생활 등 사회활동을 통해

_____ ④ 시민·사회단체 활동을 통해

_____ ⑤ 가족 친지, 친구의 영향으로

_____ ⑥ 매스컴을 통해

_____ ⑦ 기타 (적어주세요_____)

14. 귀하는 현재의 사회가 남녀평등 한 사회라고 보십니까?

_____ ① 매우 그렇다

_____ ② 대체로 그렇다

_____ ③ 대체로 아니다

_____ ④ 매우 아니다

15. 귀하의 주변에 지역을 대표할 여성이 있다고 생각하십니까?
_____ ① 있다
_____ ② 없다

16. 〈있다면〉 그 여성이 지역의 대표가 되기 위해 후보자가 될 경우 귀하는 그 여성이 당선되도록 후원자가 되실 생각이 있으십니까?
_____ ① 후원자가 되겠다
_____ ② 후원자가 될 생각은 없다

17. 귀하 자신이 지역을 대표하는 사람(국회의원, 지방의회의원 등)이 되는 것에 대하여는 어떤 생각을 가지고 계십니까?
_____ ① 해볼 생각이다
_____ ② 그럴 생각 없다

* 다음은 귀하 자신에 대한 태도를 묻는 문항입니다. 귀하의 의견과 일치하는 칸에 V표를 하여 주십시오.

18. 귀하는 평소 정치(공동체 문제)에 대해 관심이 있습니까?
_____ ① 매우 그렇다
_____ ② 대체로 그렇다
_____ ③ 대체로 아니다
_____ ④ 매우 아니다

19. 〈정치에 관심이 있다면〉 정치에 관심을 가지게 된 계기는?
_____ ① 평소 정책, 사회 문제에 관심이 많다.
_____ ② 재개발 문제 등 정치와 관련한 사항이 있기 때문에
_____ ③ 정치적으로 해결되어야 할 사회 문제가 많이 있기 때문에

        _____ ④ 시민, 사회단체 활동을 통해

        _____ ⑤ 가족/친지/친구의 영향으로

        _____ ⑥ 매스컴을 통해

20. 귀하가 해결하고자 하는 사회 문제는 무엇입니까? 아래 보기 중 가장 중요하다고 생각하시는 순서대로 1, 2, 3 순위를 기입하여 주십시오.

        1순위( )   2순위( )   3순위( )

① 환경 문제 ② 부정·부패 ③ 교육 및 청소년 문제

④ 치안 문제 ⑤ 여성차별 ⑥ 취업 및 고용 문제

⑦ 빈부격차 해소   ⑧ 지역갈등 해소 및 지역화합

⑨ 의료 및 복지 문제 ⑩ 물가안정 및 경제회복 ⑪노인 문제

21. 여성이 정치를 하는 것에 대해 귀하께서는 어떤 의견을 가지고 계십니까?

        _____ ① 여성도 능력이 있으면 출마하는 것이 당연하다

        _____ ② 여성의 다른 사회적 활동은 바람직하지만 정치 활동은 사회통념상 아직은 시기상조다

        _____ ③ 여성은 자녀양육이나 집안일에 전념하는 것이 좋다

        _____ ④ 잘 모르겠다

22. 귀하는 '정치는 남성의 일이지 여성의 일이 아니다'라는 말을 어떻게 생각합니까?

        _____ ① 매우 동의한다

        _____ ② 대체로 동의한다

        _____ ③ 대체로 동의하지 않는다

        _____ ④ 전혀 동의하지 않는다

23. 귀하는 여성의 정치 참여(지방의회의원 포함) 확대를 위해 어떤 방법이 가장 바람직하다고 생각하십니까?

_____ ① 정당의 여성 의석 할당제

_____ ② 정치를 지망하는 여성 수의 증가

_____ ③ 능력 있는 여성정치가 육성

_____ ④ 유권자 의식계몽

_____ ⑤ 여성 단체 활동 강화

* 다음은 통계적 분류를 위한 질문입니다. 해당되는 문항에 V표를 하여 주십시오.

24. 귀하의 나이는 몇 세입니까?

_____ ① 20세-29세

_____ ② 30세-39세

_____ ③ 40세-49세

_____ ④ 50세-59세

_____ ⑤ 60세 이상

25. 학교는 어디까지 다니셨습니까?

_____ ① 초등학교 졸업

_____ ② 중학교 졸업

_____ ③ 고등학교 졸업

_____ ④ 대학교졸업

_____ ⑤ 대학원 이상

26. 자녀는 어떻게 두셨습니까?

_____ ① 아들만

_____ ② 딸만

_____ ③ 아들, 딸

_____ ④ 없음

_____ ⑤ 기타 (적어주세요: _____)

27. 귀하께서 거주하는 지역은 주로 어떤 생산 활동 지역입니까?

_____ ① 농업/임업/어업

_____ ② 상업

_____ ③ 생산 공장지역

_____ ④ 복합적인 도시

* 설문에 응답하여 주셔서 대단히 감사합니다.

· 저자 ·

김혜영
(金惠英)

· 약 력 ·

연세대학교 행정학 석사 · 박사
한국행정학회 행정학전자사전특별위원회위원
한국정책포럼 이사
행정자치부장관 표창 외 다수
한국여성정책연구원 전문연구원

· 주요논저 ·

「정책결정의 여성권한 강화를 위한 국제적 연계 체제 및 한국의 대응」
「정책목표모호성이 정책집행에 미치는 영향」
「지역여성정책요구와 정책디자인」
「지방정부여성정책에 대한 주요 행위자의 역할인식」
「여성전문인력확대를 위한 정책과제」
「한국여성유권자 정책지향의 투표행태」
「지방자치단체의 여성정책 집행성과 결정요인에 관한 연구」
외 다수의 학술논문 단행본이 있음

한국여성의 정책결정직
대표성 증진에 관한 연구

· 초판 인쇄	2007년 6월 15일
· 초판 발행	2007년 6월 15일
· 지 은 이	김혜영
· 펴 낸 이	채종준
· 펴 낸 곳	한국학술정보㈜
	경기도 파주시 교하읍 문발리 526-2
	파주출판문화정보산업단지
	전화 031) 908-3181(대표) · 팩스 031) 908-3189
	홈페이지 http://www.kstudy.com
	e-mail(출판사업부) publish@kstudy.com
· 등 록	제일산 115호(2000. 6. 19)
· 가 격	21,000원

ISBN   978-89-534-6885-6 93340 (Paper Book)
       978-89-534-6886-3 98340 (e-Book)